本书系研究阐释党的十九届六中全会精神国家社科基金重大项目“建立健全自然资源资产产权制度研究”（22ZDA109）与2020年度广东省普通高校青年创新人才项目“精准扶贫视域下广东省贫困地区生态旅游政策保障机制研究”（2020WQNCX044）联合资助

法|学|研|究|文|丛

——环境法学——

大气污染区域治理法律协调机制研究

于钧泓◉著

知识产权出版社
全国百佳图书出版单位
—北京—

图书在版编目（CIP）数据

大气污染区域治理法律协调机制研究 / 于钧泓著．—北京：知识产权出版社，2022. 8
ISBN 978-7-5130-8229-7

Ⅰ.①大… Ⅱ.①于… Ⅲ.①空气污染—污染防治—环境保护法—研究—中国
Ⅳ.①D927.202.684

中国版本图书馆 CIP 数据核字（2022）第 117418 号

责任编辑： 彭小华　　**责任校对：** 潘凤越
封面设计： 智兴设计室　　**责任印制：** 刘译文

大气污染区域治理法律协调机制研究

于钧泓　著

出版发行： 知识产权出版社有限责任公司	**网　　址：** http://www.ipph.cn
社　　址： 北京市海淀区气象路 50 号院	**邮　　编：** 100081
责编电话： 010-82000860 转 8115	**责编邮箱：** huapxh@sina.com
发行电话： 010-82000860 转 8101/8102	**发行传真：** 010-82000893/82005070/82000270
印　　刷： 天津嘉恒印务有限公司	**经　　销：** 新华书店、各大网上书店及相关专业书店
开　　本： 880mm×1230mm　1/32	**印　　张：** 7.625
版　　次： 2022 年 8 月第 1 版	**印　　次：** 2022 年 8 月第 1 次印刷
字　　数： 200 千字	**定　　价：** 68.00 元

ISBN 978-7-5130-8229-7

前　言

我国的大气污染治理措施近些年来逐渐走向成熟，随着经济区域一体化的发展，人们逐渐认识到大气污染治理仅仅依靠一地政府单独治理难以取得实际效果，需多地、多机构共同治理才能够产生实际效果。大气污染既是一种自然现象，同时也是一种社会现象和经济现象，对于区域大气污染而言，除了技术手段之外，更为重要的是应当采取制度性手段对区域内的大气污染总量进行消减，本书将该制度称为大气污染区域治理法律协调机制。从整体来看，大气污染区域治理法律协调机制所包含的内容非常广泛，但目的只有一个，即通过机制、制度的建立以规则和程序的方式协调区域内法律主体之间的相互关系，在区域之内构建一个权力快速协调通道，使区域内各法律主体在完成地方大气污染治理事务的同时，也可以很好地对区域大气污染治理的整体性事务进行衔接，从而提升区域大气污染的治理效率。因此，大气污染区域治理法律协调机制具有较强的理论和实践价值，是一项值得推广的制度。

从理论上讲，大气污染区域治理法律协调机制的建立有着深刻的理论基础，从法哲学层面看，大气污染区域治理法律协调机制具有正义性、合目的性、安定性和有效性等法律价值，这些法律价值为该项制度提供了理论基础。从环境学层面来看，生态系统是一个具有多样性且结构复杂的混沌系统，基于这样的客观现状，治理环境问题应当将生物特性相似、空间地理相邻的地域作为一个整体的治理区域，由区域内的不同主体联合起来共同对区域内的生态环境采取同类治理措施。从法律经济学层面来看，大气污染区域治理法律协调机制的建立是社会需求与立法机关所能够提供的法律供给相互均衡的产物，而从法律效率层面来理解，一项法律制度的实施效率取决于其实施成本和该项法律制度所能够产生的社会收益，成本低、收益高当然会产生较高的制度效率，大气污染区域治理法律协调机制就是一个实施成本较低但是收益较高的法律制度，因而具有较高的制度效率，进而能够使区域内大气污染得到效率化的治理。

从结构框架来看，大气污染区域治理法律协调机制的基本内核主要包含三个方面的内容，即立法、执法、司法三个层次，同时也就构成大气污染区域治理法律协调机制内部的三大法律机制，即立法协调机制、执法协调机制、司法协作机制，这三个机制构成大气污染区域治理法律协调机制的基础框架，并且相互联系、相互配合、结果互动，共同组成一个动态的法律调整系统。

大气污染区域治理立法协调机制，是实现区域合作的重要方式之一。我们可以从国外的一些成功经验中得到区域联合立法的启示，国外的立法经验显示，应当先就容易达成统一意见的事项达成一致，不容易达成统一意见的事项可以规定由上级权威机关加以处理。由于我国对于区域立法协调机制的建立没有在法律上体现，所以对于那些可以在区域发展合作上起积极促进作用的协调机制，在没有违背宪法和现行法律体制的前提下都可以归到区域立法协调机制的范围中。按照我国传统的纵向管理方式，要想做到对不同行政区的统一立法就需要建立一个具备此权力的立法机构，并通过制定高效力的基本法律来指导各地方性法规和政府规章，希望通过下位法不违反上位法等原则来实现对区域内各行政区立法的约束，因而区域治理的核心问题是解决立法权的协调。除实体性权力的明确界定外，还要在区域联合立法的程序上给予制度性的安排。区域立法的立法程序并不完全区别于一般立法程序的独立程序，且每一个程序都需要依靠地方立法程序进行。这就存在与地方立法程序在立法进度和安排上的协调问题，为了保证区域立法的效率，有必要对立法程序建立协调机制。通过这种维度的视角可以看出，立法协调机制在我国大气污染的区域治理中运用了多次，这些实践为大气污染区域治理立法协调机制的正式建立打下了坚实的基础。

大气污染区域治理执法协调机制，是协调区域内不同行政主体之间相互关系，使各行政主体联合在一起共同治理大气污染的法律协调机制，是基于大气污染现状的必然选择。美国在区域内建立相应的执行机构负责协调区域内大气污染治理事务，该机构的人员组成也按照法定化的方式由环境署派出，并建立了纵向管理与横向管理相结合的合作机制。欧盟以国际条约形式来解决区域内各政府合作治理大气污染的问题，条约的内容分为纵向与横向合作机制两类，纵向合作机制具有强制约束力，以指令的方式实现，而横向合作机制则不具有约束力。我国在实践中，对于区域内各行政主体联合执法的依据，应当由省级政府以行政规章方式作出规定，使基层政府部门有法可依。要授予联合执法行为的法定效力，同时还要合理地平衡各地区之间经济发展与环境保护之间的关系，联合执法不能过分超越某一行政主体的经济能力，而且要明确区域大气环境标准和处罚标准，作为联合执法的依据。当然，在配套制度方面，还要建立区域联合预警和资源信息共享机制以及区域限批制度，这样才能够使区域内大气污染治理的政府间合作具有更强的可实施性。

大气污染区域治理司法协作机制，是协调区域内司法机关解决大气污染环境纠纷的法律机制。该制度的建立原因在于我国不同地方对法律文件的规定和理解都会存在差异，这就需要建立区域司法协作机制来解决这些问题。在大气污染区域内，司法协作机制的运行首先应当解决实施标准的问题，以免出现“同案不同判”的现象。其次是要建立跨区审判的基本规则。跨区法院的建立是司法改革的一项重点工程，目前我国已经在知识产权领域建立了跨区法院，审理跨区知识产权民事和行政案件，这是一种非常好的尝试，对大气污染区域治理的司法实践具有借鉴意义。也可以建立跨区管辖制度，来处理大气污染环境纠纷。再次是要建立区域内适用的环境标准。在区域内的各行政主体有可能已经出台了相应的大气环境标准，而这些标准可能是不同的，由于大气污染具有区域性和整体性的特点，所以在法院审判案件的过程中，如果区域内有较为严格的环境标准时，应当依据较为严格的大气环境标准处理。最后是要建立异地执行的规则，并且异地的协助执行，联合执行、执行和解等问题都要予以明确。其中包括异地管辖案件的法律监督主体、监督程序、督促政府部门履行职责等程序，都应当事先加以规定。这些问题都是区域司法协作中的常见问题，只有将这些问题加以明确解决，司法协作机制才能够得到顺畅运行。

目录

CONTENTS

导 论

近些年来我国经济得到了突飞猛进的发展，环境质量问题却随着经济水平的上升时有出现，人与自然的关系有时不够和谐。而大气作为每个生物体都赖以生存的自然因素，也不例外地成为全国所关注的治理对象。随着空气预警一再升级，大气污染俨然成为威胁人们生存、阻碍经济发展的直接因素，治理大气污染、保护公众免受大气污染的侵害成为各级政府推动可持续发展的重要工作，也是目前亟须解决的问题。

而大气污染的区域性决定了单纯的以行政区划为单位的治理模式已经不能满足实践中治理大气污染的需求。当代中国大气污染区域治理的理论和实践顺应了人类社会的发展规律，某种程度上来说它是社会需要的产物。大气污染区域治理理论的缘起，是在经过漫长的国际理论影响与国内内在发展两方面因素的共同作用下产生的，从这个意义上说，它又是时代的产物。在区域经济发展与环境问题一体化现象日益呈现出普遍性的中国社会，人们不得不为这种现象引发的越来越多的区域性公共问题寻找出路，而大气污染区域治理是我国目前为解决该难题作出的必要选择，这由中国国情所决定。随着区域经济发展步伐的加快，以及经济结构调整的不断深入，各地方政府越来越注意到区域合作协调的重要性。经过不断的理论探索与实践，我国地方的环境区域治理的合作与协调已经逐渐显现出成效，目前区域治理已经在多个领域展开。由于其形式多样、可操作性强，使得各地方政府之间在区域治理上的合作协调呈现范围逐渐扩大、内容日趋丰富的趋势，这在区域经济发展方面也起到了很强的推动作用。

表面上看，我国个别地区的区域协调合作在实践上很成功，但从全国范围角度观察，各个区域地方政府间的竞合、竞融势头虽然很强劲，但依然掩盖不了大气污染区域治理实质性工作进展仍然不尽如人意的事实。究其原因，根本的一点就是区域治理地方政府合作创新依然不够，一些制约因素包括区域内部行政组织、资源、机制等因素给区域治理中的合作创新带来了重重障碍。资源作为能够满足人类特定需求的物质，一般是有限的，从我们的日常生活以及实践活动来看，空气看似取之不尽，用之不竭，所以，很少有人把空气当作一种具有有限性的资源。但从法经济学视角来看，清洁空气也是具有稀缺性的，它牵扯着多链条、多环节、多维度内的各种主体间的利益关系。同时，清洁空气也不具有排他性，可以供多人同时使用，属于典型的公共物品。大气污染会将企业、居民的内部成本外部化，损害社会的整体环境效益，从长远看还会降低生产效率，进而破坏国民经济。随着我国工业化、城市化和交通现代化进程的加快，我国也出现了雾霾、光化学烟雾、扬尘、粉尘等严重大气污染问题。近年来由于大气污染造成的公众健康受损与国家财产损失的案例不胜枚举，这表明大气污染的产生带给现代人类的不仅仅是经济社会发展的停滞，更是威胁人类生命与健康的“隐形杀手”。

2013年9月国务院发布了《大气污染防治行动计划》（以下简称《行动计划》）这一大气污染区域治理代表性的规范性文件，[1]该《行动计划》不仅对截至2017年的京津冀地区大气污染治理指标提出了明确而具体的要求，而且还在立法上提出了建立大气污染区域治理法律协调机制的要求。《行动计划》成了继《重点区域大气污染防治“十二五”规划》后的又一个治理大气污染目标更为明确具体、标准更为严格的规范性文件。由于在现实中，按照行政区划所划分的区域与大气污染分布的区域在地理范围和方位上皆有区别，传统的地方“独立式”治理大气的方式逐渐显现出乏力的一面。因此，根据我国目前大气污染现状与大气污染治理现阶段的研究成果以及我国的大气环境保护法律法规完善情况来看，我国大气污染治理由传统治理模式向区域治理协调模式转型是必然的趋势，这也是本书选题的现实意义所在。[2]

本书所研究的内容除了契合当前我们国家对治理区域性大气污染的实践探索需要以外，还具有补充和深化我国环境区域治理法律协调机制法学理论的意义。大气污染是近几年我国环境污染治理的重中之重，也是世界工业城市所面临的共同难题。纵观我国现行的大气环境保护法律体系，不论法律规范内容的设定还是法律运行机制的设计大部分是针对传统的煤烟型大气污染所制定，简言之就是以末端控制为主要治理手段，这也是我国目前大气环境污染治理过程中治理方法不够科学的一个重要原因。除此之外，

---

[1] 王延杰．京津冀治理大气污染的财政金融政策协同配合［J］．经济与管理，2015（1）：13－18．

[2] 任孟君．我国区域大气污染的协同治理研究［D］．郑州：郑州大学，2014：31－35．

存在一些不具有实效性和可操作性的法律政策，具备科学性、有效性的法律政策不足，这种状况无疑成为大气环境法治道路上的重大障碍。这种现状带来的直接后果就是使大气污染区域治理工作在实践操作中缺乏法律的支持，地方政府合作与协调起来无所适从，互相推脱责任、合作半途而废的状况在一定程度上存在。[1]众所周知，环境污染很大部分的原因源于"政府失灵"，[2] 这一理论在现实的环境污染治理与环境保护上也得到了充分印证。《北京市大气污染防治条例》（2018）第 8 条规定市人民政府有统筹协调各部门履行职责保证大气污染防治有序进行的权力，[3] 这反映了我国当前大气环境保护两个层面的现实：一是缺乏环境治理协作的观念；[4] 二是我国大气环境利益的实现很大程度上还依赖于政府部门的主动干预。在这种大气污染治理观念意识与管理模式的影响下，大气污染区域内各地方政府之间的合作协调也需要依靠行政权力的干涉来实现，而这种状态直接影响了大气环境保护工作的效率。因此，本书在论证了大气污染机理与大气污染区域治理法律协调原理的基础上，着重阐述了应当如何将现有的大气环境区域治理协调机制完善至符合法学理论与实践要求的路径上来，并希望在此层面上设计出一套较为完善、可行的大气污染区域治理的法律协调机制，这也是本书最终的研究目的。

---

[1] 郭泽保. 区域经济、社会发展的重要途径：府际关系视域下地方政府合作［J］. 福建金融管理干部学院学报，2009（6）：30－34.

[2] 高桂林，于钧泓，罗晨煜. 大气污染防治法理论与实务［M］. 北京：中国政法大学出版社，2014：80－81.

[3] 李玲. 大气污染治理中的地方政府责任研究［D］. 天津：天津师范大学，2014：21－22.

[4] 高桂林，于钧泓，罗晨煜. 大气污染防治法理论与实务［M］. 北京：中国政法大学出版社，2014：77.

一、研究现状

我国在大气污染区域治理方面与国外相比在科学研究上还很薄弱，尚无法支撑我国建立大气污染区域治理方面的长效机制。有学者总结，国内外研究经历了从单一大气污染要素对单一城市空气质量要素的影响分析，到复合大气污染要素对单一城市空气质量要素的影响分析，再到大气污染区域治理机制研究的阶段，取得了显著的成果。截至2016年1月1日，笔者共获取与大气污染治理法律制度研究及区域治理有关的学位论文36篇，期刊文章59篇，媒体报道62篇。就目前资料来看，从法学专业角度对大气污染区域治理的理论进行深入研究的成果不多，一部分学者对我国区域治理与区域协调发展进行了研究，也主要是对区域发展的动力机制，经济合作和市场一体化建设，区域行政优化等理论和实践问题进行研究，虽然许多环境法学者提到“跨区域环境治理”，但大多流于理论论述，缺乏与实例的结合。国外现有研究大多侧重从技术层面或具体制度层面来构建大气污染区域治理机制，少数学者从区域立法协调角度来完善大气污染区域治理机制。尚无学者从立法、执法、司法三机制纵横协调来论述大气污染区域治理，因此在这方面还有待进行更深层次的研究。

1. 国内研究现状

在大气污染概念的界定与产生原因方面，许多学者最早是从国际公约的内容上着手的。国际标准化组织将“大气污染”定义为：“所谓大气污染通常是指由于人类活动和自然过程引起某种物质介入大气中，呈现出足够的浓度、达到足够的时间，并因此危害了人体的舒适、健康和福利或污染了环境。”[1] 此外，部分欧美

---

[1] 魏文静．中国城市大气污染现状及综合防治措施探析［J］．天津科技，2009(6)：23－35.

国家缔结的《远程越界空气污染公约》中也对“空气污染”作了明确定义，其第1条规定：“空气污染是指人类将有害的物质或能量直接或间接地引入空气，以致造成危害人类健康、损害生物资源和生态系统、损坏物质财产、减损或妨碍环境优美以及环境的其他正当用途等有害影响。”❶ 目前，国内法学界对大气污染的认识比较一致，广泛认同的观点是：所谓大气污染是指由于人类的生产活动和其他活动，向大气环境排入有毒、有害物质，改变大气的物理、化学、生物或者放射性等特性，进而导致生活环境和生态环境质量下降，进而危害人体健康、生命安全和财产损害的现象。❷ 从上述概念不难得出以下结论：人类的各项活动与大气污染之间存在着因果关系，人类是污染大气的主要实施主体，而大气污染则是人类向外界排放各种废弃物质的恶性结果之一。根据污染物的种类和构成的不同，大气污染可以分为以下四种类型：一是氮氧型大气污染，是指源于机动车发动机燃烧燃料排放氮氧化物造成的大气污染；二是煤烟型大气污染，是指由于燃煤产生的烟尘、一氧化碳、二氧化硫和氮氧化物等引起的大气污染；三是石油型大气污染，是指由于使用、生产、燃烧石油化工产品造成的大气污染；四是混合型大气污染。传统的混合型大气污染通常是指介于煤烟型和石油型之间的大气污染，主要是工矿企业的废气和粉尘造成的，而近年来扬尘污染也逐渐成为主要的混合型大气污染。❸ 另外，按照污染源存在形式的不同，大气污染由此分为两种：一是移动污染源污染，主要是指机动车辆造成的污染；二是固定污染源污染，主要是指工业污染和饮食服务业以及居民

---

❶ 龙隆．论跨界环境污染损害赔偿责任［D］．长春：吉林大学，2011：3－4.

❷ 蔡守秋．环境资源法教程［M］.2版．北京高等教育出版社．2010：89.

❸ 高桂林，刘向宁，李珊珊．环境法：原理与案例［M］．北京：知识产权出版社，2012：50－52.

生活用炉灶产生的大气污染。按照污染物所造成的环境损害范围的不同，大气污染还可以分为全球污染、高空污染和低空污染。需要说明的是，虽然现实中不存在“纯粹”某一种类的大气污染，但是对大气污染进行分类有助于国家针对不同情况采取不同的方针政策，这对环境政策和环境立法的制定具有重要意义。

对于大气污染防治，在20世纪70年代，我国大量地进行对大气污染防治方面问题的研究，取得了丰硕的成果，最终确立下来一系列科学有效的环境保护法律制度，如“环境影响评价制度”“排污收费制度”“三同时制度”等。❶ 80年代末期，“污染物总量控制”理念从日本传到我国，我国进而引进了日本的大气污染总量控制制度。在开展大气污染总量控制研究的同时，随着我国工业化、城市化和交通现代化的加速，大气污染已由过去的点源局部性污染转向区域综合性污染。❷ 在这样的时代背景下，有关大气污染区域治理的问题得到了我国广大学者的关注并对此展开了大量的研究。王奇等认为，鉴于大气污染的外部扩散性，区域大气环境的保护需要区域内的各城市一体化联动。❸ 刘洁等学者通过中美大气环境跨区域监管的比较研究，提出我国的大气环境区域监管现阶段仍处于污染控制阶段，对全局性、关联性的大气污染区域治理规划研究还不够深入。❹ 刘大为利用稳定气象和空气质量（CALPUFF）大气扩散模型，对关中城市群的大气相互影响特征

---

❶ 赵以忻，仲良喜．关于强化城市大气环境管理若干问题的思考．城市管理与科技［J］，2000（3）：4－9.

❷ 常纪文．域外借鉴与本土创新的统一：关于《推进大气污染联防联控工作改善区域空气质量的指导意见》之解读（上）［J］．环境保护，2010（10）：8－11.

❸ 王奇，胡晓路，张远航．关于区域大气环境保护一体化的思考［J］．环境保护，2010（9）：14－16.

❹ 刘洁，万玉秋，沈国成，等．中美跨区域大气环境监管比较研究及启示［J］．四川环境，2011（5）：26.

进行了研究，并根据研究结果校正了“十二五”二氧化硫的减排任务。❶ 王金南等学者在对大气污染特征进行剖析的基础上解析出建立联防联控机制的基础理论，并由基础理论出发总结出符合我国国情的大气污染区域治理的技术与方法。❷ 然而很多学者认为要研究大气污染区域治理首先要解决的问题是如何认识和界定“大气污染区域”，这也是研究区域间合作的前提，对此许多学者都发表了自己的想法。丁雪飞认为，面对流动的大气污染物用固定的行政区划来决定法律调整方法显然是有失科学的，这种方式会导致治理的高成本、低效率，因此主张使用区域性法律调整方法，以行政区域为单位，来解决区域间大气环境保护问题。蔡秀锦认为，区域环境治理的整体效果往往为低效的跨行政区域治理运行机制所削减，造成资源浪费，因此法制化是跨行政区域大气污染治理的必然选择。❸ 任丽丹运用要素禀赋理论、博弈理论和外部不经济理论，提出建立京津冀大气污染联防联控长效战略机制，即在主体机制、目标机制、运行机制和保障机制方面进行优化。❹ 陈青祥认为应建立国家层面的大气污染控制组织机构和区域协作机制。❺ 高婧认为，雾霾防治区域联动法律机制的构建需要重点完善联动监测预警应急制度、政府防治雾霾担责制度、区域联合执法制度等。❻

---

❶ 刘大为．区域大气污染联防联控研究：以关中地区为例［D］．西安：西北大学，2011：42.

❷ 王金南，宁淼，孙亚梅．区域大气污染联防联控的理论与方法分析［J］．环境与可持续发展，2012（5）：7.

❸ 蔡秀锦．我国区域大气污染联防联控法律制度研究［D］．苏州：苏州大学，2014：34.

❹ 任丽丹．京津冀大气污染联防联控路径研究［D］．石家庄：河北大学，2014：38.

❺ 陈青祥．我国大气污染防治法律制度研究［D］．太原：山西财经大学，2015：29.

❻ 高婧．雾霾防治区域联动法律机制探究［D］．太原：山西财经大学，2015：23.

对于大气污染的区域治理，许多学者认为综合分析区域环境的发展，应当建立在现行做法的基础上进行分析。常纪文认为，大气污染从来都不是一个简单的环境问题，而是一个涉及政治、经济、文化、环境等诸多方面的复杂问题，同时也是一国工业化进程中虽可预见但无法避免的棘手问题。我国亦然。中国的工业化建设正在加速，大气污染已由过去的点源局部性污染转向区域综合性污染。（常纪文："域外借鉴与本土创新的统一：《关于推进大气污染联防联控工作 改善区域空气质量的指导意见》之解读（上）"）王金南等学者（王金南、宁淼、孙亚梅："改善区域空气质量 努力建设蓝天中国"）通过研究发现区域大气污染常常出现在发展联系紧密的城市群地带，如众所周知的"长三角""珠三角""京津冀"地区等区域❶。因此，有学者为大气污染区域治理下定义，认为大气污染区域治理是指大气污染区域内地方政府机关达成共识，以大气环境功能划分区域，组织、协调并运用区域内各种资源实现跨行政区域的合作，共同规划、统筹安排、相互协调、相互监督、协同实施大气污染防治方案，以此来解决区域综合大气污染。（柴发合、云雅如、王淑兰："关于我国落实区域大气联防联控机制的深度思考"）我国环保部等九部委❷早在2010年共同制定了《关于推进大气污染联防联控工作 改善区域空气质量的指导意见》（以下简称《指导意见》），《指导意见》是在研究并吸取大气污染治理成功国家立法经验的基础上提出的。❸《指

---

❶ 除此之外还有山东、"长株潭"、武汉及其周边、成渝、海峡西岸、山西中北部、辽宁中部、陕西关中、甘宁、新疆乌鲁木齐等城市群。

❷ 九部委包括环境保护部、发展和改革委员会、科技部、工业和信息化部、财政部、住房城乡建设部、交通运输部、商务部、能源局。

❸ 蔡秀锦. 我国区域大气污染联防联控法律制度研究［D］. 苏州：苏州大学，2014：28.

导意见》指出，区域治理措施是经过国内外有效治理区域大气污染国家或地区实际检验的科学方法，为解决我国区域大气污染问题需尽早实施。在今后相当长的一段时间内，我国环境与资源的矛盾将更加集中。与此同时，环境公共管理也进入新阶段，更加强调可持续发展和转变经济增长方式，亟须建立新的环境保护工作机制。

对于大气污染区域治理法律协调制度的建立与完善，学术界一般认为应当在国外法律实践经验与我国现状对比下进行讨论。竺效认为，大气污染区域治理不能仅仅依赖传统的常规措施，从整体、关联的角度看，大气污染区域治理是一项系统工程，部门之间要相互协调合作，做到全局统一规划并深化协调合作，在监测、预警、应急响应上能够协同联合，充分调动大气污染区域内各有关部门合作的积极性。（竺效："创建大气污染区域联防联控机制"）然而我国目前所面临的大气污染区域治理存在协调难的困境。首先，我国很多学者在分析研究中表明我国对于大气污染区域治理法律协调的研究起步晚、成果少，在经验上与西方国家相比仍然非常缺乏。然而现实中不同行政区之间普遍存在的利益博弈为区域协调带来了制度性障碍，在这种根本性因素的影响下大气污染区域治理法律制度面临困境，该问题是否能够得到有效解决对大气污染区域各地方政府之间的全面协调与合作以及区域立法的完善有着至关重要的意义。叶必丰认为，我国目前各省市的大气污染地方立法在标准与模式上都存在着很大差别，在立法协调机制缺位的背景下，不同省市在大气污染防治方面的立法上存在着各种各样的冲突。主要表现在：第一，污染物浓度与排放总量上难以达成统一标准；第二，大气污染相关概念难以统一；[1] 第三，排污企业的行政许可审批标准与违法责任的认定难以统一。这些冲突除了制度原因以外还存在其他重要原因。

一是经济发展水平不平衡。各地的经济发展水平不平衡是各行政区难以进行大气污染治理立法协调的关键性因素。如北京在京津冀大气污染区域治理的过程中，作为首都在各方面资源上占绝对的优势，河北、天津与之相比，无论在资金投入还是管理标准上都无法与其同日而语。这种经济发展水平的不平衡是在长期发展中逐渐形成的，具有客观实在性。

二是社会发展不平衡。各地区社会发展程度的差异是历史、地理、政策等多种因素综合影响的结果，在这些因素的长期作用下还进一步导致思想意识、就业状况、社会保障、文化风俗等方面的差异[2]。这些因素都会对大气污染治理区域间的协调造成困扰。如城市居民与乡村居民就存在对污染治理的愿望与要求方面的差异，以及对生态环境与经济发展关系认识方面的差异。由于城市物质生活水平高于乡村，城市居民普遍对其居住的环境有较高的要求，因此对环境污染问题比较重视；而乡村长期受城乡二元体制结构的影响，经济发展水平相对落后，依然以传统的经济发展方式为主，以生态环境为代价换取经济发展，其居民的环保意识相对淡薄。

三是地区利益的冲突。在大气污染区域治理中，各地方行政区之间协调最大的阻碍性因素就是不同省市行政区域之间的利益冲突。行政区域的划分本质上也意味着利益划分，而大气污染的

---

[1] 李显锋.《大气污染防治法》修改的背景、问题及建议［J］. 理论月刊，2015（4）：102.

[2] 姚银银. 北京市有效治理大气污染问题研究［J］. 商品与质量（科教与法），2014（2）：210.

治理一般与工业排污限制等一系列影响经济发展的活动有关联，往往牺牲了一部分经济利益。而各行政区为了追求地区经济效益的最大化，往往采取行政垄断等方式，以牺牲行政区环境利益为代价扶持、维护行政区内经济市场运行。如采取地方保护手段，对区域外的污染源设定远远高于本地区的污染监控标准。换句话说，就是在没有统一的检测标准的情况下，借用歧视性检测技术保护本地企业。在利益争夺下滋生的地方保护在很大程度上忽视了该区域的环境利益，阻碍了区域大气污染的有效治理，进一步为大气污染区域治理立法协调机制的建立带来不可忽视的障碍。[1]

在区域立法协调机制构建的设想上，目前学界有两种主要观点。第一种观点以王春业博士为代表，他们提出设立区域行政立法委员会的建议，即以指定的行政区域划分为界，在区域内设立区域行政立法委员会，该委员会享有为区域内不同地区共同立法的权力。第二种观点以叶必丰教授为代表，该观点提出可以对行政契约机制进行补充和完善，不再单独设立专门立法机构，让各省市的立法主体直接进行平等磋商，共同协调以达成行政协议，实现立法统一。针对王春业博士的观点，本书认为设立区域行政立法委员会缺乏法律依据，无法通过法定程序进行，尤其是与委员会有关的人员、资金、职责分配等重大问题上皆得不到法律支撑，因此在我国现行法律体制下，区域立法协调委员会的设立依然存在难以克服的困难。而叶必丰教授的观点无疑是对建立横向协调机制的支持，他指出省市间横向协定应具备几个要点：首先，大气污染行政契约内容不得与现行法律相悖；其次，行政契约各

---

[1] 丁国卿. 我国区域立法协调问题研究 [D]. 厦门：厦门大学，2009：38－39.

方在契约生效起就受契约约束，违约方要承担相应的违约责任；另外，行政契约的签订还要以履行行政区划职责、税收征收等强行性法律义务为前提。

2. 国外研究现状

西方国家进入工业化时代要比中国早，我国目前屡遭雾霾天气侵袭的情况，西方国家亦曾经历过。有关大气污染治理的研究在西方国家初期主要以“点源控制法”为主要研究内容，在科学研究水平与理论成果限制的情况下，西方早期大气污染治理研究只是停留在大气污染与周边相邻环境相关联的层面上，还没有把大气污染物排放纳入与区域整体大气环境相关联的研究范围。在此研究基础上，这些西方国家经过一系列大气污染治理实践，却意外地发现一个事实，就是虽然大气环境控制区的污染物排放达到了法定标准但区域大气环境质量不升反降。这一意外结果促使各国不断深入探索大气污染物排放与大气环境质量之间的内在联系，求证新型有效的大气污染物控制方法，直到大气污染总量控制制度诞生，开辟了大气污染治理模式在控制制度上的新局面。大气污染总量控制从产生至今已有 30 多年的历史，已探索出多种大气污染物总量控制方法。[1] 其中，日本的大气污染总量控制历史最为悠久，对我国影响深远。1968 年，日本在其环境管理思想中率先提出了“污染物总量控制”理念，并确定对大阪、东京实施大气污染总量控制措施。1974 年，日本又在其大气污染防治法规中明确规定了总量控制条款。这些经典理论和做法值得我们在大气污染区域治理领域学习借鉴。

---

[1] COOPER W W, HEMPHILL H, HUANG Z, et al. Survey of mathematical programming models in air pollution management [J], European Journal of Operational Research, 1997, 96 (1) . 1 – 35.

一是用“庇古税”的方式来治理区域大气污染。即通过向区域内排放大气污染物的主体征收税负的方式来解决区域大气污染问题。“庇古理论”认为：环境问题具有负外部性，须由政府制定相应的税费政策，而税费的数值等于污染治理的边际社会成本。庇古（Pigou）认为，[1] 政府可以决定负外部性的社会边际成本并转换成一定的货币数额。但这是“庇古理论”遭人诟病的地方，因为社会成本几乎是不可能被衡量的。科斯（Coase）认为，[2] 所有的社会成本在本质上可以互惠，一旦设置了某种税，该税就不能被轻易改变。因此，在科斯看来，“庇古税”在理论上是完美的，但因为决策者无法掌握完全的信息，实际与预期会产生较大的偏差。赫尔穆特（Helmuth）[3] 等研究了如何用税收手段解决跨界污染问题，并分析得出了在完全合作和部分合作情况下的排污税税率的纳什均衡解。目前，排污税政策在欧美国家得到了普遍的接受和应用，如美国、意大利、法国、瑞典等国都实行对含硫燃料税和氮氧化物排放税的征收。

二是用产权交易的方式来解决区域大气污染的治理。即基于科斯定理，构建大气污染物排放交易市场，然后向大气污染物排放主体分配排放配额，用市场化的方式来解决区域大气污染的问题。科斯学派主张，只要“产权明确”，私人之间的市场交易即可解决外部性问题，而无须政府的干预，政府所要做的只是“明确产权”。该学派认为，当产权明晰且交易费用为零的情况下，市场机制对资源的配置可达到最优状态。20 世纪 60 年代末，美国的戴

[1] PIGOU A C. Some Aspects of the welfare state [J]. Diogenes, 1954, 2 (7): 1 - 11.

[2] COASE R H. The Problem of Social Cost [J]. Journal of Law and Economics, 1960, 3 (1): 1 - 44.

[3] HELMUTH C, GAHARI F. Environmental taxation, tax competition and harmonization [J]. Journal of Urban Economics, 2004, 55: 21 - 45.

尔斯（Dales）[1] 应用科斯的产权理论，首次提出了排污权交易的概念。克罗克（Crocker）[2] 详细研究了大气污染控制方面的排污权交易理论。泰坦伯格（Tietenberg）[3] 则研究了不同的环境保护措施，并主张用排污权交易系统来代替政府的直接管制系统，以节约环境治理成本。大气污染治理领域的排污权交易研究一直是国际研究热点，欧盟、美国等国家和地区广泛运用排污权交易方法来治理大气污染。以美国为例，其 1990 年通过的清洁空气法修正案率先使用排污权交易手段来削减大气污染物的排放总量。到 21 世纪的第一个十年末，美国通过排污权交易机制已基本控制了氮氧化合物的排放。如洛杉矶的“区域清洁空气激励市场”由 300 多家工业企业参与，该项目先向参与企业分配二氧化硫和氮氧化物的排放配额，然后允许参与企业通过排污权交易来履行自身的减排义务。此项目取得了极大成功，不仅使洛杉矶地区的二氧化硫和氮氧化物总排放量明显下降，而且参与企业的减排成本也控制在其可承受范围之内，因此洛杉矶地区的整体经济增长也没有受到明显冲击。此后，学者洪（Hung）和肖（Shaw）[4] 以区域为对象，研究得出交易比率系统，并提出了非均衡污染物排污权交易理论。但排污权交易机制的有效实施要建立在健全市场体系的基础上，在发展中国家推行该项制度的难度比较大。因为在市

---

[1] DALES J H, Pollution, Property and Prices [M], Toronto: University of Toronto Press, 1968.

[2] CROCKER T D, The Structuring of Atmospheric Pollution Control System, The Economics of Air Pollution [M]. H. Wolozin, New York: W. W. Norton & Co, 1996.

[3] TIETENBERG T H, Environmental and Natural Resource Economics [M]. Harper Collins Publishers Inc., 3nd Edition, 1992.

[4] HUNG M F, SHAW D. A trading - ratio system for trading water pollution discharge permits [J]. Journal of Environmental Economics and Management, 2005, 49 (1): 83 - 102.

场化不完善的经济体中，单凭市场机制的自由调节以实现资源的最优配置需要经过漫长的时间和复杂的过程。因此，科斯理论在市场体系还不是很健全的经济体中实施的实际效果并不是很理想。

三是用经济博弈的方法来解决区域大气污染。博弈论是经济学中非常重要的一个理论，由于其对解决相互关联主体的决策问题十分有效，因而被西方学者首先引入了对环境损害的治理之中。同样，在大气污染区域治理方面，合作博弈理论也起到了积极的推动作用。哈尔科（Halko）[1] 研究了基于博弈理论的跨界酸雨问题，他在信息完备和不完备的不同假定下，分别建立了合作和非合作均衡情况下的显示和隐式模型。乔根森（Jorgensen）等[2]设计了能促进两国长期合作的效用转移激励机制，并建立了控制两国污染的微分博弈模型。过去的研究一度认为大气环境保护的成本能被附加收益抵消，但卢特尔（Lutter）等[3]的研究指出这些附加收益意味着碳交易市场中的碳排放价格可能会远远高于控制碳排放所增加的社会成本，而这个差别可用来判断市场干预是否具有合理性。基于全球的存量污染物，杰曼（Germain）等[4]建立了动态规划模型，并设计出促进各方合作的效用转移机

---

[1] HALKOS G E. Incomplete information in the acid rain game [J]. Empirica, 1996, 23: 129 – 148.

[2] JORGENSEN S, ZACCOUR G. Time consistent side payments in a dynamic game of downstream pollution [J]. Journal of Economic Dynamics and Control, 2001, 25: 1973 – 1987.

[3] LUTTER R, SHOGREN J F. Tradable permit tariffs: How local air pollution affects carbon emissions permit trading [J]. Land Economics, 2002, 78 (2): 159.

[4] GERMAIN M, et al. Transfers to sustain dynamic core theoretic cooperation in international stock pollutant control [J]. Journal of Economic Dynamics and Control, 2003, 28: 79 – 99.

制。保莱拉（Paolella）等[1]在分析美国和欧洲各国二氧化碳排污权交易市场的基础上，运用 GARCH 模型来计算碳排污权交易价格。为了研究欧洲排污权交易市场中温室气体排放量的初始分配问题，维吉耶（Viguier）[2] 设计了 M－矩阵博弈模型，算出温室气体排放量的均衡解。彼得罗斯（Petrosjan）等[3]运用动态博弈方法计算出国家联盟治污的特征函数值，并利用沙普利（Shapley）值法公平分配国家间的合作治污成本，从而构建出国家间合作治污的动态博弈模型。高（Cao）等[4]认为，在缺乏安全、有效市场交易环境的经济体中，无论是排污权交易价格的确定还是排污权交易的实施都很困难。

四是用碳排放期权交易制度来解决区域大气污染治理问题。该项制度在欧盟范围内被广泛采用。金融期货理论在大气污染治理领域中也开始得到广泛运用。世界上第一家环境衍生品交易所是美国芝加哥的气候期货交易所，该交易所从 2003 年开始从事氮氧化合物的排污权期权和期货交易业务。克莱伯（Klepper）等[5]模拟分配了全球碳排放权，研究考察了碳价格和交易量之间的竞争效应，进而证实了欧盟的碳排放交易体系是一个高效率、低成

---

[1] PAOLELLA M S, LUCA T. An econometric analysis of emission allowance prices [J]. Journal of Banking & Finance, 2008, 32: 2022－2032.

[2] VIGUIER L. Fair trade and harmonization of climate change policies in Europe [J]. Energy Policy, 2001, 29: 749－753.

[3] PETROSJAN L, ZACCOUR G. Time consistent shapley value allocation of pollution cost reduction [J]. Journal of Economic Dynamics and Control, 2003, 27: 381－398.

[4] CAO H, IKEDA S. Inter－zonal tradable discharge permit system to control water pollution in Tianjin, China [J]. Environmental Science & Technology, 2005, 39 (13): 4692－4699.

[5] KLEPPER G, PETERSON S. Marginal abatement cost curves in general equilibrium: the influence of world energy prices [J]. Resource and Energy Economics, 2006, 28 (1): 1－23.

本的减排机制。米卢诺维奇（Milunovich）等[1]运用持有成本模型检验了欧盟碳排放权期货的市场效率，证明现货和期货市场之间存在着双向的波动性溢出和信息传递关系。卡蒙娜（Carmona）[2] 则采用风险中性简化模型来研究未来的碳排污权价格，该模型能反映出碳排污权价格在空间上和时间上的波动性。

在上述理论研究的基础上，西方国家在大气污染区域治理方面，开展了诸如圣华金谷空气质量研究（San Joaquin Valley Air Quality Study，Solomom，1994），[3] 美国南部地区氧化物研究（Southern Oxidants Study，Chameides and Cowling，1995），[4] 南加州空气质量研究（Southern California Air Quality Study，Lawson，et al，1995）[5]，太平洋传输及化学演变实验（Transport and Chemical Evolution over the Pacific，2001）[6] 等一系列研究项目和

---

[1] MILUNOVICH G，JOYEUX R，Testing market efficiency and price discovery in European carbon markets ［M］. Macquarie University，Department of Economics，2007.

[2] CARMONA R，HINZ J. Risk – Neutral Modeling of Emission Allowance Prices and Option Valuation ［R］. Technical report，Princeton University，2009.

[3] SOLOMON P. Planning and Managing Regional Air Quality and Measurement Studies：A perspective Through the San Joaquin Air Quality Study and ASUPEX，Lewis Publishers，Chelsea，Ml with Pacific Gas and Electric Company，San Ramon. CA，1994，SJVAQS.

[4] CHMEIDES W L，COWLING E B. The state of the Southern Oxidants Study：Policy – Relevant Findings in Ozone Pollution Research 1988 – 1994. North Carolina State University，Raleigh，NC. 1995，SOS.

[5] LAWSON D R，FUJITA E M，HOMES J R. The Southern California Air Quality Study：a prototype for collaborative research. In：Ranzier，A. J. Solomon，P. A. （EDs），Proceedings of the Regional Photochemical Measurement and Modeling Studies，PA. 1995，3：1043 – 1063.

[6] DUNCAN FAIRLIE，DANIEL J J and ROKJIN J P. The impact of transpacific transport of mineral dust in the United States ［J］. Atmospheric Environment，2007，41：1251 – 1266.

相关机构。以欧盟为例，日内瓦公约的主要科研机构——欧洲监测和评估计划和效应问题工作组，其职能首先是收集并监测了大量的数据；其次是通过使用边际负荷（水平）和区域酸沉降模拟方法，使区域内各国对自身和区域内环境污染的现实情况有了客观的认识和良好的把握；❶ 再次是结合环境影响评价的结果，给出了有效的解决方案，使得各方的政治协商与谈判有了共同的平台或着力点。例如，欧洲监测和评估计划作为独立的第三方机构，监测并收集了大量的欧洲跨境空气污染数据，并利用区域酸沉降模拟方法，使区域内各国对自身的空气环境污染状况有了客观的认识；结合空气环境影响评价结果，提供了相应的解决方案，竭力促使区域内各国达成环境行动规划共识。这些研究项目为未来研究或运行大气污染区域治理协调机制积累了丰富的经验。

此外，在大气污染治理区域间协调与合作模式上，美国、欧盟等后工业化国家或者地区已经实现了大气污染区域协调制度和机制的建立和运行，并且已经有了较为成熟的配套机制。❷ 以美国为例，美国设立的州际协定和行政协议制度无论在效率上还是治理效果上都发挥了很积极的作用，这也使美国的联邦法律体制显现出了优越的一面。同时《美国清洁空气法》作为大气污染治理的专门法在立法上进一步为法律协调提供支持，《美国清洁空气法》除奠定了大气污染治理立法、执法、司法方面所需要的基本法律规定以外，还通过立法的形式支持各州之间政府部门的合作。除此之外，该法同时还赋予各州的行政长官有鼓励和支持各环境

---

❶ 冯百侠，王倩楠，陈金．发达国家大气污染联防联控的成功模式与启发［J］．河北联合大学学报（社会科学版），2013（4）：6.

❷ 常纪文．集区域合力破区域难题：对比国外立法看我国如何推进大气污染联防联控［N］．中国环境报，2015－06－17.

保护部门之间进行项目合作的权力。其第3款规定:“在对于此类合同和协定的有效实施具有帮助的情况下,建立相应的机构、联合机构或其他组织。”通过这些研究可以看出,《美国清洁空气法》的这些法律规定,一方面通过立法为联邦空气污染治理项目和州之间在大气污染治理方面存在的治理冲突的解决提供所需要的资源条件支持和法律支撑;另一方面还起到了促成联邦政府内部行政资源有效利用的作用,强调了联邦部门、机构之间的合作、互助在治理区域大气污染方面的重要性,为创建立法合作机制铺垫了法律基础。

这些发达国家和地区的成功经验显示,大气污染区域治理法律协调机制对其本国和地区的包括酸雨、雾霾天气、细颗粒物超标等区域性大气环境污染问题起到了有效的控制和治理作用,这都是我们应当重视和学习的。

二、研究方法与创新点

1. 研究方法

本书以区域治理理论和法经济学理论为基础,充分借鉴系统工程学和法哲学相关理论,对我国大气污染区域治理法律协调机制的相关问题进行研究。主要运用了以下分析方法。

一是混沌学中的系统分析方法。系统分析是本书的一个主要研究方法,人们所处的自然系统、经济系统、社会系统组成了一个复合的复杂系统,环境污染治理这一人类行为也需要用系统的观点来看待,有关问题也需要用系统的方法解决。中国的任何社会规范的研究都与中国社会特殊的经济条件、文化条件、自然条件分不开,割裂其他因素的片面研究都会有失科学的客观性,因此需要将整个问题放置于中国社会整体的复杂系统中进行研究。

二是法经济学分析方法。法经济学分析方法是本书的另一个主要分析方法。法经济学的研究一直以来存在着两种视角，一个是法学视角，即用经济学研究法律；另一个是经济学视角，笔者认为法经济学把法律制度等问题纳入经济研究领域可以拓展研究视野。从法经济学视角出发对大气污染治理机制进行更深刻的剖析进而可以得到关于市场机制、激励机制、成本收益和资源配置等基本原理在大气污染治理领域的适用，并且用经济学的准则和价值标准去判断和研究法律问题不仅能够最大限度地提高效率而且可以有效地分析资源要素之间的关系，有助于解决制度或法律的经济关系问题。制度的目的在于约束个人追求利益最大化的行为，个人利益最大化的行为仅仅被界定在选择机制中的一个最大化选择，所以对法律的经济分析概括来讲就应该是用分析资源配置的经济方法来确定权利分配的边界。

三是历史分析和比较分析方法。任何法律制度都是人们在不断的实践中形成的，通过制度运行人们不断反思、修正与完善，因此要展望制度未来的发展方向必须进行纵向的历史分析，有根据地把握未来。此外，本书所研究的法律机制在很多发达国家已经有了实践经验，并且有些经验有宝贵的参考价值，因此本书通过横向的比较，在对我国大气污染区域治理现有法律协调机制的状况分析的同时，结合对主要发达国家大气污染区域治理的经验进行理论认识与构建概况分析，客观、深刻地反思我国自身的法治建设方面的不足和展望未来的发展空间，从而依据中国国情对促进大气污染区域治理法律协调机制的建立提出具体建议。

四是规范分析与实证分析。实证分析侧重于研究对象的客观描述，规范分析则侧重于对研究对象进行理性判断。本书所研究的内容通过回答研究对象的定义引申到法律机制应该如何建立，是一种规范分析，与此同时以典型案例进行实证分析，来证明规范分析的合理性。

五是文献研究方法。本书的研究建立在前人已有的研究基础之上，梳理与查阅了不同历史阶段、不同地区和国家、不同学科领域等有关大气污染与区域治理有关的报纸、期刊、学位论文、政府文件、网络文章、调查报告、中外文书籍等文献资料，希望通过对这些文献资料的梳理与分析为本书的论证找到参考依据。

2. 创新点

目前研究大气污染防治的国内外学者有很多，发表的研究成果更是不计其数，但在法学领域对大气污染治理尤其是区域治理问题进行深入分析的研究成果依然较少，并且大部分对于污染治理方面的研究皆以行政区划范围为研究界线。对此笔者借用混沌学中系统分析的方法来论证大气环境系统的整体性和系统性，因而用行政区划的方法来治理大气污染与区域内的一般规律不相符合。针对大气污染的特性以及区域治理协调法律机制本身的特点，本书在写作过程中有两个创新之处。

一是研究方法创新。用一种全新的方法研究一个学术界较为热门的话题，所得出的结论自然与以往的结论会有所区别，但是这样的结论也是常常为我们法学学者所忽视的。本书重点采用法经济学分析的方法来解决其中的理论问题，即采用法经济学分析等研究方法对大气污染区域治理过程中面临的大气环境问题作了全新的定性分析，并且本书以大气流动规律为科学依据针对目前大气污染的区域性特征提出“大气污染区域”这一概念，系统翔实地论述了与大气污染区域治理相关的理论基础，并提出建立大气污染区域治理法律协调机制的设想，希望建立起一个更有效、更有权威性的法律机制来治理区域性的大气污染，在一定意义上填补了该领域的研究空白，希望能为大气污染区域治理的研究做出理论贡献。

二是内容上的创新。在内容方面除了对大气污染区域治理法律协调机制做了创新性思维外，还提出了检察机关跨区提起大气污染公益诉讼制度构建的问题，本书主张在区域司法协作的框架之下，可以在必要性原则的指导下由异地检察机关到本地提起大气污染公益诉讼，这样就可以克服某些地方司法领域之内的地方保护主义和地方党政干部不当干预司法的问题，从而使大气环境损害得到司法层面的救济。当然，除提出了制度构建外，还对其中的重要程序性节点给予了论述，目的是起到抛砖引玉的作用，能够引发更多的学者在此方面做更加深刻的研究，最终不断完善大气污染区域司法协作机制。

必须提出的是，大气污染区域治理法律协调机制的建立是一个系统工程，由于个人能力有限，本书只对大气污染区域治理法律协调机制的基本规则和理论进行了分析，对于具体实施的程序性问题，如联合立法、联合执法中的具体问题只能期待日后多与相关实践部门的人接触沟通来弥补本人实践经验的不足。此外，由于受语言能力的限制，对于国外一手材料的掌握和运用也不够丰富，且文献资料主要集中于欧美国家及我国，其他国家的研究情况也是笔者今后需要关注的。

CHAPTER 01 >> 第一章

大气污染区域治理法律协调机制的核心范畴

从法哲学角度来观察，范畴是指法律关系所涉及的主体、客体以及内容之间内在统一、逻辑关联、自成网络的逻辑体系。[1] 任何一个法律关系都有其自身的范畴，它揭示了法律关系内在的本质性和规律性。本章从与大气污染区域治理相关的学术概念出发，分层次地阐述了大气污染区域治理法律协调机制的本质、法律价值等核心问题。

一、大气污染区域治理的内涵与沿革

1. 大气污染与大气污染区域

要明确大气污染区域治理的概念，就要明确其法律关系的内在逻辑，对其自身的逻辑体系有明确的认识，这是理解大气污染区域治理的先决性问题。

---

[1] 文正邦. 法哲学研究［M］. 北京：中国人民大学出版社，2011：81.

大气污染区域治理包含了三层含义：一是现象。即大气污染这一生态环境受损害的现象，是大气污染区域治理所要调整的对象。二是方位。所谓的方位即空间方位，这是大气污染治理的范围，仅仅限定在区域治理的范围之内，而不包含区域以外或者是非区域性的大气污染治理。三是动态。这里所指的动态可以是动词层面的一种法律状态，即通过法律手段或者法律授权范围的经济、管理或技术手段对大气污染进行的一种总量消减工作。当然也可以是名词层面的一种法律结果状态，即通过法定手段，使大气污染的水平降低，以达到符合环境标准的“治理状态”。在这三层含义中，我们须对每一层含义逐级拆分理解，才能够真正理解大气污染区域治理的概念范围。

随着近年来全国性雾霾天气的时有出现，人们对大气污染的关注度升温，“大气污染”一词成为近些年来各类媒体之中的高频词汇，对于“大气污染”一词的理解，在生活中每个人都有着自身不同的理解，有的把阴天称为大气污染，有的把雾霾天气等同于大气污染，有的把空气质量下降的现象叫作大气污染……凡此种种，不胜枚举，但是从这些人们对大气污染耳熟能详的定义来看，能够观察到社会主体自身的情感宣泄，以及人们对美好天气的期盼和向往。但作为理论研究而言，不能用带有情感色彩的语言或者词汇对一种客观现象进行描述，必须用科学且严谨的方法对其进行定义。所以，我们必须从词源学角度找到“大气污染”一词的理论渊源。纵观当今学科领域的划分，与大气污染相关的学科有气象学、环境工程、环境法学三大学科，而在这三大学科中，对大气污染的定义是不同的。气象学认为，大气污染是指由于人类活动或者自然过程排放到大气环境中的污染物对大气环境产生不利影响的天气现象。[1] 环境工程认为，大气污染是指由于人类活动或者自然原因所引发的大气污染物浓度标准超过了大气环境质量指标，从而危害人类身体健康、舒适生存环境的现象。[2] 环境法学认为，大气污染是指由于人类生产生活过程中排泄大气污染物而导致大气环境质量下降的现象。[3] 从这些定义我们不难看出，气象学认为大气污染是一种天气现象，环境工程认为大气污染是超越大气环境标准的现象，环境法学则认为大气污染是空气质量下降的现象，虽各有侧重，但我们仍然可以发现其中的重大区别，就是气象学和环境工程都认为大气污染包含了自然过程导致空气质量下降的现象，而环境法学则仅强调人类的活动引发的空气质量下降现象，不包括自然原因所导致的空气质量下降现象。这一点也比较容易理解，因为法学是调整人与人之间交互关系的学科，纵然像环境法、科技法等部门法表现为人与自然或者人与事物之间的关系，但是最终落脚点仍然是反映人与人之间的关系，[4] 这就决定了环境法所调整的内容一定包含了人类的活动，而不包含纯自然原因导致的环境受损害现象。由于本书的研究范围属于环境法领域，因此，本书所研究的大气污染应当限定在由于人类活动造成的空气质量下降的现象，不包括自然原因所引发空气质量下降的现象。

“区域”一词属于方位词，其内涵相当丰富，不同的学科对

---

[1] 刘清，招国栋，赵由才．大气污染防治：共事一片蓝天［M］．北京：冶金工业出版社，2012：5．

[2] 郝吉明，马广大，王书肖．大气污染控制工程［M］．3版．北京：高等教育出版社，2014：3．

[3] 高桂林，刘向宁，李姗姗．环境法：原理与案例［M］．北京：知识产权出版社，2012：164．

[4] E．博登海默．法理学：法律哲学与法律方法［M］．邓正来，译．北京：中国政法大学出版社，2004：370．

"区域"一词的认识也存在差异。在学科分类中，涉及"区域"一词的学科众多，几乎涵盖了理、工、文、法、农等大部分学科，但是比较有代表性且与"区域"有着密切关系的学科主要有地方地理学、社会学、政治学、经济学、法学等学科，这些学科对"区域"的概念界定也不尽相同。地理方位学认为，区域是指相互毗连、地貌特征、生物多样性特征相似的地理位置所组成的三维立体空间。❶ 因此，地理方位学所指的空间区域多被用以证明生物地理分布，所以地理方位学与生物分布学之间存在密不可分的关系。社会学认为，区域是一种相同社会群体和社会形态且具有相似的社会特征的主体所组成的聚居社区。❷ 政治学认为，区域是指在国家范围之内相邻的不同行政单元所组成的地域，当然也可以指相邻不同国家之间所组成的空间。❸ 经济学认为，区域是地理空间上毗连且在经济上具有较高依存度，能够形成经济上相互促进关系或者互补关系的行政单元所组成的空间集合。❹ 法学对区域的认识包含了其法律特征的集合，从现行法律规定来看，所指的区域有四类：一是少数民族区域自治区；二是行政区；三是港澳台特别行政区；四是村民委员会自治组织。从这一划分不难看出，法学中所指的区域是为了管理方便而设置的行政区域。

上述学科领域对区域的认识虽然各有不同，但也可以找到一些相似之处，一是位置相连。无论哪一学科对"区域"的认识基

---

❶ 伍光和，王乃昂，胡双熙，等．自然地理学［M］．4版．北京：高等教育出版社，2014：25.

❷ 尼克拉斯·卢曼．法社会学［M］．宾凯，赵春燕，译．上海：上海人民出版社，2013：182.

❸ 詹姆斯·D. 漠罗．政治学博弈论［M］．吴澄秋，周亦奇，译．上海：上海人民出版社，2014：43.

❹ 罗伯塔·卡佩罗．区域经济学［M］．赵文，陈飞，等译．北京：经济管理出版社，2014：3.

本都包含了空间毗连之意。二是结构类似。无论是生物多样性结构还是经济结构，抑或者是法律结构，都具有相似性，这也为形成集中优势创造了条件，便于管理者行使管理权限。而大气污染区域中所指的“区域”很显然包含了地理方位学、经济学以及环境法学中所指的空间内涵，一般是指毗连的多个行政单元所组成的空间空气质量整体性下降的现象，由于这样的空间多是以经济活动所组成的空间集合体，所以区域大气污染必然会涉及经济学的内容。即从自然现象层面看，大气污染区域是空气质量下降的毗连空间集合体，而从社会现象层面看，区域大气污染是经济上存在依存关系且空间毗连的行政单元内所造成的空气质量下降的现象。之所以这样界定，目的在于可以从定义层面说明区域大气污染是区域经济发展的结果，并非孤立而生的产物，所以从概念层面上看，既然区域大气污染是由区域经济发展而造成的，那么在治理的过程中就不能采取独立单元分散治理的模式，应当采取区域协同治理的模式才能够见成效。而从社会现象层面来看，大气污染区域治理中所指的“区域”一词，应当是行政辖区毗连或相邻的、以社会或经济为纽带的数个省份或者数个地级市（这里是指跨越省份的地级市而非同一省份的地级市，同一省份的数个地级市之间的联合治理大气污染的活动可以纳入本省范围内适用统一化的、行政化的方法解决，相对而言较为容易，所以本书不过多讨论）所组成的区域集合体，这样的“区域”往往与大气实际污染的区域并不完全重合，例如：京津冀一体化后，三个独立的省级单位就治理区域大气污染的问题出台了一些政策性的文件，因而京津冀大气污染区域治理中所指的“区域”应当是一种行政化的辖区，即京津冀三个独立的行政辖区，而京津冀大气污染区域治理也应当是京津冀三地的共同合作，但是对于实际污染区域而言，有可能并不完全与京津冀三地的行政管辖范围重合，从实际情况来看，张家口和承德的空气一直处于优良程度，并没有形成大气污染，但是同样要参与京津冀大气污染区域治理，因此，大气污染区域治理或者是大气污染治理区域中的“区域”与大气污染区域中的“区域”，二者从概念范围上看是有微妙差别的，前者是一种社会现象、人为现象，是为了治理便利的需要而做的实践性的划分；而后者则是一种客观的自然现象，可以通过物理测量而获得数据。

2. 大气污染治理：技术与制度

大气污染既是一种自然现象，也是一种社会现象，若将其定义为自然现象，那么对大气污染治理则应当偏重技术手段，即通过科学技术和自然的方法对超过大气污染物质量标准的污染物进行有针对性的总量消减，使大气环境的各项指标能够达到环境标准的要求。❶ 若将大气污染定义为一种社会现象，那么对大气污染的治理则应当偏重制度手段，即通过法律制度来设定大气环境主体的权利义务，限定排污主体的排污行为并采取相应的管理制度，从而使大气污染物总量降低的一种措施。❷

大气污染通过技术治理和通过法律治理路径不同，但是可以达到殊途同归的作用。对于区域大气污染而言，除了技术手段之外，更为重要的是应当采取制度性手段来对区域内的大气污染总量进行消减，并且是以区域为单位进行总体消减。原因很简单，因为大气污染具有流动性的特点，而在特定区域之内，由于经济发展具有较高的相似度和依存性，且物理空间相互毗连，这就使

❶ 王敦球．大气污染控制工程［M］．北京：中国环境出版社，2012：7.
❷ 刘清，招国栋，赵由才．大气污染防治：共事一片蓝天［M］．北京：冶金工业出版社，2012：17.

得区域之内一个空间主体大气污染而最终殃及其他区域主体，当然这仅仅是一种单向运动，而事实上，大气污染本身并非单向运动，较为常见的是区域之内的不同主体单元都存在不同程度的大气污染现象，最终每一单元主体的大气污染都会向四周扩散，而形成“交叉污染”和“混合污染”，所以从区域大气污染的这一特点来看，治理区域性大气污染应当采取区域内单元主体同时治理的方式才能够取得效果。从这一认识出发，我们可以得出，大气污染区域治理的含义应当是区域内的主体单元联合治理且同时治理。进一步讲，就是跨越行政辖区的若干个行政辖区单元，联合在一起，就大气污染治理的相关事项达成联合性的协议或者出台共同遵守的规章制度，以实现对区域之内的大气污染共同治理的目的。

3. 大气污染区域治理与法律协调机制

（1）大气污染区域治理的法律逻辑。从法理学的角度来看，法律机制是一组原理相同、结构类似、目的指向一致的法律制度的集合。[1] 具体而言，就是在法律关系调整过程中就某一类具体法律关系以及法律现象所形成的规范的集合体。从法律逻辑推理的角度来看，法律机制是法律制度的一种表现形式，他们是被包含的关系。而大气污染区域治理法律机制则属于法律机制的属概念，是指关于治理区域大气污染的一系列法律原则、法律规则、法律方法所组成的法律制度的集合体。

仅从法律逻辑推理的层面来看，大气污染区域治理法律机制属于种概念，而大气污染区域治理法律协调机制属于属概念，它们之间是种属关系。而从法律现象的层面来看，大气污染区域治

[1] E. 博登海默. 法理学：法律哲学与法律方法［M］. 邓正来，译. 北京：中国政法大学出版社，2004：86.

理法律机制包含了大气污染区域治理相关的一系列法律制度的集合，包括大气污染区域治理的方法、原则和具体规则所组成的法律制度的总和，而大气污染区域治理法律协调机制的外部表现则相对狭窄，从文义来理解，大气污染区域治理法律协调机制的范围仅包含了“协调”的内容，是以“协调”为主要调整对象的法律机制，而所谓的“协调”，就是为了使区域内的各行政单元权力主体的权力配置和权力运行能够产生高效化的结果，而协调各主体之间的权利义务关系，从而实现共同治理区域大气污染的效果。从这一层面来看，大气污染区域治理法律协调机制的内涵要比大气污染区域治理法律机制更加丰富。

就目前我国大气污染治理的实践来看，有多种模式，例如：地方治理和国家治理等。从法学研究的层面来看，需要对这些治理方式给予明确的界定，以便在论述的过程中能够清晰地表达不同治理方式之间的关系。基于此点来看，我们可以对相关概念加以界定，所谓的大气污染国家治理，就是由国家作为治理的责任主体对大气污染负责治理，当然治理的范围不仅仅限于某一个地区和省份，应当包括全国，即国家对全国范围内的大气污染现象均负有治理的职责。而地方治理的表现形式则较为多样，由于国家是一个整体性的集合概念，而地方的概念相对于国家而言却是多样化的，表现形式有：单一行政辖区，如：单一的省、市、县；多个同级行政辖区的联合体，如：多个省份、多个地市、多个县；多个不同行政级别辖区的联合体，如：市与邻省的联合等这些表现形式都可以称为“地方”，可见“地方”一词是一个相对概念，并不存在具体的确切的指向，该概念仅仅用来描述与“国家”或“中央”这样的确切概念的排除范围时，才具有确切的指向性，否则单独使用“地方”一词，其范围是难以界定的。相应地，相对于大气污染“国家治理”而言，所谓的“地方治理”就是依靠地方政府的力量来治理大气污染，其范围仅仅限定在地方政府管辖范围之内，而非全国。虽然地方政府也代表国家，但是地方治理与国家治理是不同的，一是经费来源不同，地方治理的经费来源于地方财政，而国家治理的经费来源于国家财政。二是治理范围不同，地方治理的范围限于地方政府的管辖范围，而国家治理的范围则限定为全国。相应地，“区域”一词也属于“地方”的一种表现形式，可以说地方是种概念而区域是属概念，从这一角度来理解，大气污染区域治理与大气污染地方治理之间也有这种种属关系，即从表现形式上看，大气污染区域治理实际上是大气污染地方治理的一种特殊表现形式，而非国家治理的表现形式，为了论述方便，本书将大气污染区域治理界定为省级国家机关所参与的大气污染治理，这样界定一方面符合区域大气污染的自然特征，另一方面也符合我国社会权力机关运行的基本规律，因为省级的人大和政府享有地方立法权，因而更加容易在一起出台联合性地方法律规范。

从技术层面来看，临时空气质量管控是指地方政府为了实现空气治理到某种质量的需要而采取的临时性的限制和管控措施。[1]而从法律制度层面来看，临时空气质量管控具有如下特征：一是临时性。所谓的临时性就是非常规性，即只在特定时期内采取的一种大气污染管控措施。二是非持续性。临时空气质量管控只在短期内实施，并不具有持续性的特点，特定时期过去，临时空气质量管控措施则会解除。三是标准的严格性。临时空气质量管控措施所实施的标准往往要严于常规性标准，这样的临时空气质量

---

[1] 郝吉明，马广大，王书肖．大气污染控制工程［M］．3版．北京：高等教育出版社，2014：136.

管控措施才具有实际意义，否则与日常管理标准一致则不能称为临时空气质量管控。从上述特征来看，大气污染区域治理与临时空气质量管控之间既有相似之处也有一定的区别，相似之处在于临时空气质量管控属于大气污染治理的表现形式之一，而大气污染区域治理也属于大气污染治理的表现形式之一，而且在“区域”的范围内二者是存在交集的，即在“区域”范围之内也可以实施临时空气质量管控措施，例如：在北京奥运会期间，京津冀区域之内实施临时空气质量管控措施，该做法既属于临时空气质量管控又属于大气污染区域治理。而二者的区别就在于，临时空气质量管控属于“非常规化”手段，而大气污染区域治理属于常规化的运行方式，且从实施标准来看，临时空气质量管控要严于大气污染区域治理的标准。

（2）大气污染区域治理的沿革。美国的工业实力在世界范围内有目共睹，在“二战”期间美国凭借着强大的工业生产能力在战场上将资源贫瘠的日本法西斯侵略者拖向了灭亡，“二战”的胜利也让世界对美国的工业生产能力刮目相看，与此同时美国凭借其强大的工业实力成为最强的超级大国。在“二战”后，美国工业生产的机器并没有随战争的结束而停止运转，而是加强运转，于是在美国各地出现了大规模的环境问题，最频繁出现的就是光化学烟雾事件。

光化学烟雾在美国频繁发生，造成了严重的空气污染，在光化学烟雾事件发生后，美国政府想了许多措施来加以应对，其中的措施之一就是下令由健康教育福利部长组建跨部门空气污染治理委员会。该委员会初步实现了农业、国防、内政等多个部门协同合作，向总统提出制定联邦的空气污染控制法建议，并于 1963 年正式颁布了《美国改善、增强和加速空气污染的预防和减轻法》

即被普遍称赞的《1963年美国清洁空气法》，该法是继《1955年美国空气污染研究和技术援助法》颁布实施后在总结经验和失败教训的基础上加以改进的立法。到1966年，经历多年的研究成果表明，空气污染对公众健康构成威胁，越来越多的公众希望联邦政府能在空气污染立法上取得进步。于是在1967年又通过了《1967年美国清洁空气法修正案》，该法中明确指出“跨州空气污染控制机构或委员会，授权建立空气质量标准”。这一内容，成为美国大气污染区域联合防治的法律基础，并且该法还规定卫生教育福利部长将和联邦各部门、各机构合作，共同预防和控制空气污染，确保联邦空气污染控制计划能够利用联邦政府内所有适当的、可利用的设施和资源。国会同意两个或多个州签署协议，共同预防和控制空气污染，建立相应的管制机构。为尽快建立跨州空气质量控制区的空气质量标准，卫生教育福利部长有权在2年期间，对由受空气污染影响各州州长指定的确定空气质量标准的机构支付100%的空气质量规划方案成本。此外，该法还规定，与本法规定一致的市、州和跨州的减轻空气污染的行动将受到激励，除法院颁布命令以外不会为联邦执行行动所取代。美国在大气污染区域治理方面积累了诸多经验，也取得了丰硕的成果，这为后来其他国家在大气污染区域治理方面进行探索提供了可借鉴的依据。

日本是一个资源贫瘠的国家，又是一个海洋岛国，国土面积仅为中国的1/40，且国土可居住面积仅为30%，基本均在沿海附近，内陆充斥着火山和硫黄，不适宜居住也没有矿产资源。其独特的地理以及资源环境，决定了日本的“扩张”基因，在其经济发展之后便疯狂地侵略其他亚洲国家，给亚洲人民带来了深重的灾难。“二战”后，日本的城市除京都之外，其余均遭受到美国的轰炸被夷为平地，可谓千疮百孔、百废待兴，日本认为正是自己缺乏资源、工业生产能力差导致供给难以跟上才最终战败，于是日本便开始大力发展工业。当然，由于日本地形狭长，且只有沿海可以居住，决定了工业区都坐落于沿海城市之内。从1955年之后，日本经济出现了高速增长，于是日本加大对重工业、化学工业的投入，生产规模越来越大，而且这种高速发展持续了20年之久，被世界经济界认为是日本奇迹。但是日本经济飞速发展也带来了诸多公害现象，如光化学事件、辐射污染、骨痛病、水俣病、哮喘病等，而且由于日本地域狭小，公害现象一旦发生必然是跨区域性的，相应地所产生的各种疾病等灾害也是普遍的、跨区域的。❶ 在这种大背景之下，日本要治理环境问题尤其是治理大气污染现象，必然会采取“举全国之力共同治理”的方式，于是在1964年由内阁决定在总理府设置“公害对策推进联络协议会”，由大藏省、厚生省、法务省、通商产业省、建设省、科技厅、警察厅等长官组成，❷ 推进公害共同治理。由于日本地域狭小，所以治理效果明显。在大气污染治理方面，经过十余年的区域治理，已经基本上解决了大气污染所带来的损害，蓝天白云随处可见。

我国大规模工业化生产起步较晚，且长期以来受计划经济的影响，生产规模始终未有本质性的提升，但是1978年党的十一届三中全会将改革开放确定为经济发展的基本国策，于是我国的工业生产开始向市场经济发展和转型，到1993年我国改革开放进入加速阶段，我国的工业生产规模开始呈现出逐年扩大的趋势，进入21世纪后，我国经济发展的速度更是令世界吃惊，以年均10%

---

❶ 郭位．核电雾霾你：从福岛核事故细说能源、环保与工业安全［M］．北京：北京大学出版社，2015：121.

❷ 许东海．日本近现代环境保护发展史［M］．北京：中国农业出版社，2013：30.

的增速发展，短短二十年的时间，就完成了西方资本主义国家上百年的发展进程，一跃成为世界第二大经济体和第一大消费实体，中国经济体制改革所带来的巨大增长动力是前无古人的。[1] 但是在我国经济高速发展的同时也带来了一系列问题，环境问题即是其一。随着我国工业的不断发展，也带来一些水污染、重金属污染、大气污染问题，尤其是大气污染直接与每个百姓相关，所以深深地牵动着每一位公民的心。因而，对于治理大气污染我国政府的决心是比较大的。鉴于我国地大物博、幅员辽阔，每一区域之内的大气污染都会有自身的特点，而且每一区域之间的大气污染源以及形成原因、扩散方式都各有不同，因而在治理大气污染的过程中，不可能采取单一方式一蹴而就，所以我国在区域大气污染治理方面也做了较多的探索，主要方式有两种。

（1）建立区域性的具有行政管理职权的大气污染治理机构。最为典型的就是北京奥运会准备阶段，于 2006 年经国务院批准设立了北京奥运会空气质量保障工作协调小组，该小组虽为临时性机构，但是具有一定的行政职权，负责处理京津冀地区大气污染等相关事宜，尤其是在奥运会召开前夕，出台了一系列限制性措施，这些措施的出台使京津冀区域的大气环境得到了前所未有的改观，奥运会举办期间北京蓝天碧水分外怡人。这一治理区域性大气污染的经验，后来又在亚太经济合作组织 APEC 会议期间、纪念反法西斯胜利 70 周年期间，被复制来治理区域性大气污染，京津冀地区蓝天白云随处可见。由此可见，此种方式在治理区域大气污染的过程中能够起到积极的效果。

（2）设立以地区政府环保部门为主导的区域协调常设机构。

---

[1] 滕泰，范必，等．供给侧改革［M］．北京：东方出版社，2016：171．

此种方式是在2004年广东省根据《泛珠三角区域环境保护合作协议》在广东环保局成立了“9+2”联席会议和秘书处，负责治理珠三角区域环境污染的问题，尤其是重点探讨了区域大气污染防治的问题，并出台了一些合作措施。时至今日，珠三角区域内大气污染治理也取得了可喜的成绩。以全国排放量作为对比，2004年全国工业生产废气排放总量为237 696亿立方米❶，而2013年全国工业生产废气排放总量为669 360.9亿立方米❷，增长了181.6%。同期，广东省2004年的工业生产废气排放总量为12 543亿立方米❸，2013年工业生产废气排放总量为28 433.7亿立方米❹，增长了126.69%。由此可见，广东虽然为工业大省，在经济发展过程中广东省的工业排放增长水平要远远低于全国平均水平，说明珠三角区域内大气污染治理的成果是显著的。

二、大气污染区域治理法律协调机制的本质

法是规定权利和义务的社会规范，从这个角度出发大气污染区域治理法律协调机制也应当包含法的基础特征，并在此基础上实现大气污染治理的目的。

1. 大气污染区域治理法律协调机制的概念

从概念层面来看，对大气污染区域治理法律协调机制作出定

❶ 国家统计局，国家环境保护总局. 中国环境统计年鉴·2005［M］. 北京：中国统计出版社，2006：45.

❷ 国家统计局，国家环境保护总局. 中国环境统计年鉴·2014［M］. 北京：中国统计出版社，2014：48.

❸ 国家统计局，国家环境保护总局. 中国环境统计年鉴·2005［M］. 北京：中国统计出版社，2006：45.

❹ 国家统计局，国家环境保护总局. 中国环境统计年鉴·2014［M］. 北京：中国统计出版社，2014：48.

义是研究该项法律制度的基础，而从法理学角度来看，所谓的法律协调机制就是协调各种法律关系的一系列法律规范以及规则所组成的制度集合，因此，大气污染区域治理法律协调机制可以定义为：为达到治理区域大气污染的目的，协调区域之内各行政单元权力主体权力配置、权力运行关系的一系列法律规范以及规则所组成的集合。而从法律运行的角度来看，这种协调包含三个组成部分。

一是立法领域的协调，即协调区域内立法机关之间关于确立区域大气污染治理联合性法律规范的关系。二是行政执法领域的协调，即协调区域内行政执法机关在进行大气污染行政执法之时权力运行的关系。三是司法领域的协作，即协调区域内司法机关就大气污染损害进行司法审判以及司法执行之间的关系。虽然大气污染区域治理法律协调机制所包含的内容相对而言较为广泛，但是为了研究方便，本书对大气污染区域治理法律协调机制的界定限于在立法、执法、司法领域内协调各主体之间关系的法律规范的集合，最终目的是使区域之内的大气污染得到治理。

2. 大气污染区域治理法律协调机制的规范内容

大气污染区域治理的产生源于区域性大气污染，由于大气污染具有跨界性和流动性的特点，所以实践中往往在某一区域范围内的独立单元大气污染物超标，必然会影响其他独立单元，而这种影响并非单向的影响，而是交互式的影响，于是区域大气污染往往表现出混合污染的特征，从法理学的角度来看，法律关系的基本特征决定了法律关系的调整方法，❶ 也就是说对于大气污染这

❶ 阿图尔·考夫曼. 法律哲学 [M]. 2 版. 刘幸义，等译. 北京：法律出版社，2011：125.

样一个自身就具有区域性特征的环境灾害而言，必须以区域性的思维和手段进行调整，而不能仅仅依靠传统行政区划的方式进行治理，这是区域大气污染治理的现实基础。基于这样的现实，从法律制度层面来看，区域大气污染治理的法律义务源于环境义务，从《中华人民共和国环境保护法》（以下简称《环境保护法》）的规定来看，法律规定了政府部门对环境具有保护的义务，换言之环境义务是政府必须要履行的义务之一，这一义务不仅在《环境保护法》中有所体现，在《中华人民共和国宪法》（以下简称《宪法》）中也有所体现，而且我们可以看出政府的环境义务不仅仅是某一个地方政府的事，而是所有地方政府的事。区域内存在大气污染，那么区域内的每一单元的行政主体都有义务治理大气污染，这是我们从法理中得到的启示，因为区域内只有一两个行政主体参与治理而其他行政主体不参与治理，那么其他行政主体也绝对不可能做到独善其身，只有联合治理才能够产生效果。但是区域间不同主体联合治理大气污染必须有一个组织协调机制，这样的机制必须是具有强制性和约束力的机制，因此也就出现了区域大气污染治理法律协调机制。

区域大气污染治理法律协调机制的义务基础有三个：一是环境义务。即区域内的不同行政单元都具有治理大气污染的义务，联合在一起后，仍然具有共同治理大气污染的义务。二是治理义务。从区域大气污染的产生机理和治理方式来看，区域内不同行政单元联合在一起治理大气污染是治理方式的必然要求，所以区域大气污染治理法律协调机制是基于实际治理义务而产生的一种法律机制。[1] 三是法定义务。区域经济发展成为当前经济改革的一

---

[1] 高桂林，陈昊博．治理大气污染需要区域间联合立法［N］．检察日报，2015-03-10.

个重点方向，京津冀一体化、“一带一路”倡议，都是国家的重大布局，并且在党的十八届五中全会中，明确提出了区域板块互联互通，在发展经济、治理环境方面都要相互联系相互沟通，这给区域大气污染治理法律协调机制奠定了坚实的战略基础，事实上，这也成为区域大气污染治理法律协调机制的法定义务。基于上述义务基础，区域间治理大气污染应当建立法律协调机制。

治理大气污染是政府的义务，而区域大气污染治理则是区域间政府的一项义务，这是大气污染自身特点所决定的。区域大气污染防治法律协调机制的存在是区域间行政主体履行环境义务、治理义务、法定义务的结果，从法理角度看，一项法律制度的存在不仅仅会有义务基础，同时也有其赖以生存的权利基础。因为权利与义务的总和才能构成一项法律制度，不存在无义务之制度，同时也不存在无权利之制度。[1] 从这一角度来看，区域大气污染治理法律协调机制也必然存在权利基础，这一点是比较明确的，从《环境保护法》来看，赋予了政府治理环境的职权，同时《中华人民共和国大气污染防治法》（2018）（以下简称《大气污染防治法》）中用专章规定了大气污染联合防治制度，等于授权地方政府可以联合在一起制定关于大气污染防治的规范性文件，这是区域大气污染治理法律协调机制最直接的权利基础。换言之，区域大气污染法律协调机制的建立既是一项义务，同时也是一项职权。

大气污染往往不仅是一个行政区自身的问题，会涉及区域之内的其他行政主体，在解决区域大气污染的时候，须要区域间各行政主体联合在一起相互沟通、互联互通、沟通治理，才能够收到效果，因此建立区域大气污染治理法律协调机制是解决区域大

---

[1] 阿尔图·考夫曼，温弗里德·哈斯默尔．当代法哲学和法律理论导论［M］．郑永流，译．北京：法律出版社，2013：73.

气污染的一项具有可行性的措施。从法律运行层面看，一项法律机制的运行必须有运行主体。因而，区域大气污染治理法律协调机制怎样运行，由谁负责运行，是该项机制的核心。从法理学角度看，法治社会的一个标志性事件就是政府权力资源能够合理地分配到社会每一领域之内，并且能够得到有效的监督。[1] 具体到区域大气污染治理，需要在法治的状态下进行，这样就必须合理地运用政府权力资源，并且对政府权力要给予相应的约束。因为区域大气污染涉及的行政单元众多，有可能是跨省的，如何平衡每一行政单元的利益关系，由哪一主体牵头，在区域联合治理的过程中如果不同行政单元之间出现利益纠纷应当如何解决，这都需要区域大气污染治理法律协调机制来加以解决。

具体而言，该项机制主要解决四项问题：一是区域间的行政主体如何联合在一起治理大气污染的问题。该问题是在法律的框架之下确定参与主体，等于确定了参与治理大气污染的主体范围。二是区域内参与治理大气污染的主体享有哪些权利承担哪些义务，由谁来牵头负责，这是区域大气污染治理法律协调机制主要解决的问题。三是区域间参与治理大气污染的主体在利益分配、资源共享方面所能够分配的利益。四是区域间行政主体若产生纠纷应当由谁解决，如何解决。从这些实际问题我们不难看出，区域大气污染治理法律协调机制的建立，其主要任务不仅仅在于协调各行政主体之间的关系，更为重要的一点是对区域间行政主体在治理大气污染过程中行使权力的一种约束和监督。从这一角度来看，区域大气污染治理法律协调机制运行的核心就是要解决区域之内行政主体在治理大气污染过程中的权力如何分配如何制约的问题。

---

[1] 理查德·A. 波斯纳. 法理学问题［M］. 苏力，译. 北京：中国政法大学出版社，2002：185.

一项法律制度的建立应当有该制度设立的目标，也就是一项法律制度的目的。当然，从终极意义上讲，在环境保护法律制度框架之下的任何具体制度，其终极目标都是实现环境保护，如果将具体的环境保护制度的目标都设定为实现环境改善，那么这些具体的环境保护法律制度将不再具有可区分度。因此，对于具体的环境保护法律制度而言，都会存在一个自身的目标，这一目标往往是与其他环境保护制度区分的核心标志。[1] 区域大气污染治理法律协调机制也不例外，也存在自身的目标，从权力运行的角度来看，权力运行的直接目标实际是法律权力在配置资源所能够达到的结果，而这个结果通常要是法律经济学意义上的均衡时，则法律权力配置资源的效率达到最大化。[2] 所以，从该角度来看，区域大气污染治理法律协调机制的目标应当是协调区域之内各行政主体之间的利益关系，使之能够达到均衡，最终使行政主体在治理大气污染过程中所发挥的效率达到最大，即给行政主体以合理化的成本投入实现各行政主体的利益最大化，从而使区域大气环境得到优化。应当说明的是，这里所指的均衡是区域内各行政主体治理大气污染的成本以及收益的综合性均衡，须要考虑区域内大气污染的现状以及各行政单元的经济发展状况以及污染情况等因素。只有综合考虑，全面协调，取长补短，才能够实现区域内对大气污染的协调工作，从这一角度来看，区域大气污染治理法律协调机制是以和谐治理为指导思想，以可持续治理为方法，以利益均衡为目标的一种法律机制。

---

[1] 托马斯·思德纳. 环境与自然资源管理的政策工具［M］. 张蔚文，黄祖辉，译. 上海：上海人民出版社，2005：26.

[2] 冯玉军. 法律与经济推理：寻求中国问题的解决［M］. 北京：经济科学出版社，2008：249.

3. 大气污染区域治理中地方管理权的职能

在区域内构建大气污染区域治理法律协调机制后，必然会存在常设性的执行主体来负责协调机制的运行，该主体可以称为大气污染区域治理协调机构。由于该机构属于常设性机构，所以其产生办法和相应的职责应当事先予以规定。一般而言，大气污染区域治理协调机构的产生有两种模式：一是召集产生。即由区域中行政级别较高的城市负责发起并召集区域内其他行政主体共同组建一个常设性机构，负责处理区域大气污染治理的协调工作。二是协议产生。如果区域内参与大气污染治理的城市行政级别相同，一般情况下是由所有行政主体协商组建大气污染区域治理协调机构。无论协调机构由何种方式产生，其法律地位是一致的，所行使的职权都是依据协议产生。由于参与区域大气污染治理的主体是地方政府，当协调机构产生后，需要明确协调机构与地方管理权之间的关系。

通常情况下，协调机构有两种类型：一是具有行政职权，属于一级行政机构。最为典型的就是京津冀一体化领导小组办公室，该办公室负责协调京津冀地区的经济、文化、环境等方面的建设工作，并且可以对外发布文件，具有法律效力。此种类型的协调机构对于地方管理权而言，具有指导、监督的作用，并且可以向地方行政管理机关发布命令。二是并非一级行政机构，不具有对外效力，仅仅负责协调各行政主体的日常事务。此种类型的协调机构在地方较为常见。该类型的协调机构对地方行政管理权的行使不具有指导作用和监督作用，此时地方环境行政管理部门负责具体事务的实施，地方政府部门与协调机构之间的关系并非下级与上级之间的关系，协调机构仅仅是负责协调各行政主体之间在防治大气污染过程中的一些利益安排以及化解各行政主体之间的利益矛盾。可见，这两种类型的协调机构与地方管理权之间的关系并不相同，造成这种区别的主要原因就在于产生机制不同，第一种情形的协调机构一般由上级权力部门专门设立，而第二种情形的协调机构一般由各行政主体通过谈判、协商的形式确立，其权力行使也是依据协议的内容来进行。

在大气污染区域治理的模式中，虽然成立了法律协调机构，但是这并不影响地方环境行政管理部门行使管理职权，因为协调机构本身与行政管理部门并非管理与被管理之间的关系，具体对大气污染进行治理仍然要由地方环境管理部门负责，协调机构仅仅负责协调各行政主体之间的配合协作关系和利益分配关系。[1] 所以，在大气污染区域治理的过程中地方环境行政部门应当对辖区内的大气污染物采取管理措施，并依照区域大气污染联合防控的要求尽到自身的义务，这就要求各行政主体不能采取“自扫门前雪”的态度来防控区域大气污染，要树立区域防控和整体防控的观念，充分发挥自身的主观能动性，同时要做到与其他行政主体之间互联互通、相互沟通、相互协作，最终才能够实现大气污染区域协调共治。

4. 大气污染区域治理的机构协调与机制协调

大气污染区域治理法律协调机制从其运行方式上看，主要是通过建立区域大气污染协调机构的方式来协调各行政主体之间的关系，使每一个行政主体都能够各司其职、各尽其力，并且在治理的过程中能够相互协调，相互沟通，做到执法资源相互补充、相互协助。由于大气污染区域治理协调机构属于大气污染区域治

---

[1] 陈光．论区域立法协调委员会的设立与运行：兼评王春业《区域行政立法模式研究》［J］．武汉科技大学学报：社会科学版，2012（1）：80.

理法律协调机制下的一项重要内容，在治理区域大气污染过程中起着重要作用，所以必须明确大气污染区域治理机构协调与机制协调之间的关系。

从法理学角度来看，机构是依据法律或者依据行政主体授权而产生的一个行使行政权的实体，而机制是一项法律制度或者政策性制度，从目的性上看，无论是机构协调还是机制协调，其目的都是处理区域大气污染防治的事务，但是二者的侧重点却有所不同，机制协调主要侧重于搭建平台和规定规则，而机构协调主要负责解决行政主体在治理区域大气污染过程中所发生的具体实际问题。进一步而言，大气污染的区域治理机制着重解决宏观层面的问题，而通过治理机构对大气污染进行区域治理则着重解决微观层面的问题。

三、大气污染区域治理法律协调机制的法律价值

1. 大气污染区域治理法律协调机制价值的概念

经济学认为“价值”属于一种关系范畴，它是能够满足主体需要的效益关系。❶“价值”在生活中的通俗化解释是任何能够满足人们需要的有用的东西，当然价值不限于对物的描述，还可以描述一种社会关系。而法律制度的价值其实是指法律制度能够长期发挥作用并可以借此获得的收益，它通常表现为对法律关系的评价标准。❷ 对于法学研究而言，“价值”一词多表现为对一项法律制度优异性的评价。具体到大气污染区域治理法律协调机制而

❶ 村上泰亮．反古典的政治经济学（上）［M］．张季风，丁红卫，译．北京：北京大学出版社，2013：57．

❷ 罗斯科·庞德．通过法律的社会控制［M］．沈宗灵，译．北京：商务印书馆，2010：55．

言，其自身也存在着一定的优异性，该种优异性决定了区域治理法律协调机制对于解决大气污染而言具有积极作用。需要注意的是，法的价值对法律制度的实施具有引领作用，因此，大气污染区域治理法律协调机制的法律价值也会引领该项法律制度的实施，从这一角度来看，对大气污染区域治理法律协调机制的法律价值进行研究是非常有必要的。

2. 大气污染区域治理法律协调机制价值的特征

法律价值是法律制度的优异性，具体到大气污染区域治理法律协调机制而言，其法律价值不仅仅表现为一种形式，它是一组相关的价值所组成的价值束，[1] 从而能够形成一定的体系，换言之，大气污染区域治理法律协调机制的价值是一个体系，该体系具有三个方面的特征。

从法律属性上看，大气污染区域治理法律协调机制的价值体系是与区域治理法律协调机制的建立和实施相关的价值所组成的一个开放性系统。具体而言，大气污染区域治理法律协调机制的价值会有许多，但是有的价值并不与区域治理法律协调机制的建立和实施相关，例如，政绩价值，即大气污染区域治理法律协调机制可以为区域内的行政主体带来政绩，这个政绩虽然也具有一定的优异性，也是价值的一种表现形式，但是政绩价值与大气污染区域治理法律协调机制的建立与实施并非具有直接的关系，所以并不能作为大气污染区域治理法律协调机制价值体系的组成部分来对待。当然，这里还要强调的一点是，大气污染区域治理法律协调机制的价值体系是一个开放的体系，并不具有封闭性，换

---

[1] 雷蒙德·瓦克斯. 法哲学：价值与事实［M］. 谭宇生，译. 南京：译林出版社，2013：83.

言之，原来不能作为大气污染区域治理法律协调机制价值体系组成部分的价值，经过社会变迁之后，依然有可能进入其价值体系之中。相反，有些价值现在虽然属于大气污染区域治理法律协调机制价值体系的组成部分，但是经过社会经济的变迁之后，也有可能退出大气污染区域治理法律协调机制价值体系。例如，当区域大气污染被治理之后，大气污染物水平达到了环境标准水平，而且这种达标是一种可持续性的达标而非暂时的达标，此时对大气污染实施区域联合治理的必要性将消失，所以其可实施价值将不复存在，但是大气污染区域治理法律协调机制并不一定会消失，因为虽然区域大气污染已被治理，但是仍然有预防的必要性，此时大气污染区域治理法律协调机制仍然有存在的意义和价值，该项制度将侧重于对大气污染进行预防，其预防的价值要大于实施的价值。

从主体特征上看，大气污染区域治理法律协调机制的价值体系是由大气污染区域内所有行政主体所持有的价值所组成的一个相对封闭的系统。

首先，从主体的数量来看，大气污染区域治理法律协调机制的价值体系是一个群体现象，而非个体现象，这就决定了其价值体系必然是多数的主体所组成的系统。其次，从主体的外观来看，大气污染区域治理法律协调机制的价值体系并非任何主体所持有的价值观念的集合，而是权力机构所持有的价值观念的总和，从这一角度来看，大气污染区域治理法律协调机制价值体系所能够反映出的意志是政府机关在治理大气环境污染时的意志，最终其代表的是国家意志。再次，从主体的性质来看，大气污染区域治理法律协调机制的价值体系由于是政府部门在治理大气污染过程中所持有的价值，能够反映国家意志，因而必然会具有一定的阶级属性。最后，从主体的能力来看，大气污染区域治理法律协调机制的价值体系是由政府部门持有的体系，而政府部门又是行政执法机构，具有强制力。因此，大气污染区域治理法律协调机制的价值体系是具有强制力保障实施的体系。

从结构上看，任何一项法律制度都有其存在的目的，外观的载体，以及对该项法律制度的实施评价，❶ 从这一角度来讲，可以从结构上将大气污染区域治理法律协调机制价值体系分为三个组成部分，即目的价值、形式价值和评价标准，而每一结构的节点之上都存在一个子系统，从而构成一个树状结构，这个结构组成大气污染区域治理法律协调机制价值体系的全部。从哲学的观点上来看，大气污染区域治理法律协调机制价值体系中的目的价值、形式价值和评价标准三者构成一个有机整体，共同发挥作用才能够使大气污染区域治理法律协调机制的价值体系完整运行，缺少其中任何一个，大气污染区域治理法律协调机制的价值体系都将难以运行。

3. 大气污染区域治理法律协调机制价值的构成

大气污染区域治理法律协调机制从整体结构来看，是由目的价值、形式价值和评价标准三个层次组成，所以可以从这三个方向来具体观察。

大气污染区域治理法律协调机制的目的价值是法律协调机制设立和运行的目的，反映着大气污染区域治理的基本宗旨，但是该目的或者宗旨并非是一成不变的，会随着社会思潮和时间的变化而变化。❷ 主要具有以下特性。

---

❶ 严存生．法的价值问题研究［M］．北京：法律出版社，2011：36.

❷ 张文显．法理学［M］．北京：高等教育出版社，2011：298.

一是大气污染区域治理法律协调机制的目的价值具有多元性特征。法律的目的价值是一项法律制度存在的宗旨，该目的或者宗旨是受当时社会发展的状态和社会思潮影响的，因而法律的目的价值可以反映当下社会的某种需求。❶ 具体到大气污染区域治理法律协调机制，也会受当时社会的思潮影响，也能够反映社会的机制需求。在这里，可以分两个层面对大气污染区域治理法律协调机制的目的价值进行理解：首先是宏观价值。从宏观来看，大气污染区域治理法律协调机制的建立，其最终目的是要解决区域大气污染的问题，所以，在宏观方面，可以将治理区域大气污染作为宏观目的。其次是微观价值。从微观方面来看，大气污染区域治理法律协调机制的建立，主要目的在于协调区域内各行政主体之间的利益分配、权利义务行使以及纠纷解决等问题，为区域间大气污染联合防治提供一个制度性的保障，以使大气污染区域治理能够顺利进行。从宏观和微观两个层面来看，大气污染区域治理法律协调机制的目的价值不仅仅限于某一具体的价值，而具有多元化的特性，当然这仅仅是一种分类而已，采取其他分类方式我们依然可以看到大气污染区域治理法律协调机制的目的价值会有更多的表现形式。这就告诉我们，大气污染区域治理法律协调机制的存在目的并非单一且固定的，会随着社会思潮的变迁而发生改变。如当区域大气污染严重时，社会亟须一种区域间联合治理大气污染的法律机制来进行区域大气污染的联合治理，此时大气污染区域治理法律协调机制的目的价值更加偏向于协调各行政主体的关系以使区域大气环境得到治理，但是当区域内各行政主体能够各司其职、互相协助，不再产生各种利益纠纷时，那么

❶ 彼得·斯坦，约翰·香德. 西方社会的法律价值［M］. 王献平，译. 北京：中国法制出版社，2004：171.

大气污染区域治理法律协调机制的目的价值也将会发生变化，主要将趋向于保护区域大气环境。

二是大气污染区域治理法律协调机制目的价值具有时代性。法律的目的价值并非是固定不变的，因为法律制度实际上也是时代的产物，因此法律的目的价值它会反映出某一时代的特性。[1] 历史上很多的法律制度都可以从目的价值找到那个时代的背景，从而我们可以推断出那个时代社会关系的发展，例如，法制史中讲到的“亲亲得相首匿”制度，就是儒家学说在汉朝成为统治者所尊崇的社会行为规范的大背景之下，为了维护封建礼教宣扬忠君、孝道而产生的一项法律制度，我们从这个制度的目的价值可以推断出那个时代的社会发展背景。从这一点来审视大气污染区域治理法律协调机制的目的价值，不难发现，该项法律制度并非与生俱来，而是与这个特定的历史时期有着紧密的联系。

首先，改革开放之后我国的工业取得了极大的发展，尤其是1993年之后，工业的规模化生产大幅提高，在经济得到了前所未有发展的同时也给社会带来了一些环境问题，其中大气污染就是最近几年来的一个社会热点问题，所以对于社会而言对治理区域性大气污染的呼声在当下这个时代之下前所未有地高涨起来。其次，我国行政职权的行使长期以来是依靠行政区划来行使管辖权，对于这种行政权的行使方式，既有可以很好地限制行政职权的优点，又有有时效率低下的缺点，长期以来“铁路警察各管一段”“自扫门前雪”等现象在某些地方时有出现，社会对于行政职权改革的呼声也非常高。尤其是对于区域性的大气污染而言，社会需要区域内各行政主体联合起来共同治理大气污染，此种要求是在

[1] 关明凯. 法律的三维透视：对法的价值、规则、事实的统一性研究［M］. 北京：法律出版社，2008：128.

当下行政职权还不能跨越行政区行使的社会大背景下产生的，可以说是当下社会的产物。假设若干年后，人们依然可以通过现在大气污染区域治理法律协调机制的目的价值而推断出今天的时代背景。因此，大气污染区域治理法律协调机制的目的价值，不仅具有多元化的特征，同时也具有时代性的特征。

法律的形式价值是法律所能够反映出的形式上的优良品质，当然在西方法律学者看来，一直就有恶法非法的论调。[1] 从这一角度来理解，只有形式上的善法和良法才是法律制度所追求的价值。具体而言，大气污染区域治理法律协调机制的形式价值要求协调机制具有公开性、公正性、稳定性，不能朝令夕改，要具有连续性和可实施性，满足了这些条件，大气污染区域治理法律协调机制就应当能够算得上是善法，否则就会被认为是恶法而为社会所抛弃。所以，为了避免区域大气污染治理过程中出现急功近利、“作秀式”的治理，需要建立相应的法律协调机制来加以规范，从这一角度来看，大气污染区域治理法律协调机制本身就是为解决这些问题而诞生的一项法律制度，因而具有善法本质。

对于大气污染区域治理法律协调机制的评价需要建立一定的标准，该标准也就成为大气污染区域治理法律协调机制价值体系的一个组成部分。从宏观方面看，大气污染区域治理法律协调机制的评价标准可以归结为四项。

（1）生产力评价标准。在行政法中，政府的行政效率是衡量政府执政能力的一个重要衡量标准，同时也是行政法的一个基本原则，[2] 所以效率是政府行政所追求的永恒主题。行政效率背后的

---

[1] 古斯塔夫·拉德布鲁赫. 法哲学［M］. 王朴，译. 北京：法律出版社，2013：69.

[2] 张雪樵. 经济行政权的法律监督：利益衡平的视角［M］. 北京：北京大学出版社，2012：34.

深层次问题就是生产力的问题，可以这样说，提高行政效率就等于提高社会生产力。大气污染的产生根源就是由于生产力的提高带来的工业生产规模的扩大，因而大气污染与经济发展以及生产力的提高是密不可分的。从这一角度看，大气污染区域治理法律协调机制的建立能否真正发挥作用，或者说其设置本身是否具有价值，需要有一定的标准来加以衡量，其中之一便是生产力标准，即要考察大气污染区域治理法律协调机制能否对区域内的社会生产力产生促进作用。如果能够产生促进作用，则说明该项制度的存在是具有价值的。一般说来，大气污染区域治理法律协调机制的微观目的是协调区域内各行政主体之间的利益分配和相互协作的关系。这些问题的解决，可以使各行政主体能够沟通顺畅，并且可以发挥最大作用，这对于提升区域内各行政主体的行政效率是非常有益的。行政主体的行政效率提升后，可以提升大气污染区域治理的效率，从而使区域内的大气环境尽快改善，推动区域内的社会生产力向着更高的层次发展。从这个角度来看，大气污染区域治理法律协调机制有利于区域社会生产力的提升，因而具有价值。

（2）人道主义评价标准。人道主义评价标准是评价法律制度价值的又一重要标准，[1] 其核心是法律制度应当以人为本，保障法律主体的基本权利。评价大气污染区域治理法律协调机制是否具有价值也可以采用人道主义的标准，主要看协调机制能否体现以人为本的精神，能否对法律主体给予基本的保障。从这一点出发，我们可以观察大气污染区域治理法律协调机制的设立和运行过程，该项法律机制的设立主要是为了协调区域内各行政主体之间的利

[1] 卡尔·恩吉施．法律思维导论［M］．郑永流，译．北京：法律出版社，2014：74．

益关系，因此该制度本身就是一个从各行政主体基本利益出发而设置的制度，在其运行过程中往往也会根据各行政主体在治理大气污染过程中的实际工作状态以及实际需求而协调各行政主体之间的关系，同时如果行政主体之间出现矛盾，法律协调机构也会根据实际情况来化解这些矛盾，当然化解矛盾的基础是在保障各行政主体基本利益需求的基础上进行的。由此可见，大气污染区域治理法律协调机制的设立和运行，能够反映区域内各行政主体的基本诉求，所以该项法律制度符合人道主义的价值标准。

（3）现实主义评价标准。在经济学领域内，现实主义要求一切从实际出发、实事求是，而在法学领域内，现实主义的意义更加重大，一切以事实为依据，以法律为准绳是任何法律制度所应当贯彻的基本思想，在现实主义的思想要求之下，法律制度应当符合社会生产力发展标准，应当符合国情，应当充分有效地运用社会资源，不能超越社会发展现实，即所谓的欲速则不达。[1] 评价大气污染区域治理法律协调机制是否具有价值，也应当将其纳入现实主义的标准之下加以评价，关键看该项法律制度是否符合社会现实社会发展的标准，如果符合则说明该项制度具有价值，相反则说明该项制度价值不大或者没有价值。从这一点分析，大气污染区域治理法律协调机制的产生，有着鲜明的现实基础，是基于大气污染区域治理的实际需要而产生的制度，而且在大气污染区域治理过程中各行政主体难免会出现利益分配上的不协调或者配合不协调的地方，因而大气污染区域治理法律协调机制的产生本身就是为了使这种不协调变为协调，因此该项制度是为了解决现实问题而产生的法律制度，具有较强的实用性。从这一点看，

---

[1] 张文显．法理学［M］．北京：高等教育出版社，2011：301．

大气污染区域治理法律协调机制具有现实主义实用价值。

（4）历史主义评价标准。判断一项法律制度是否具有价值，除了使用生产力标准、人道主义标准、现实主义标准之外，还可以使用历史主义评价标准来判断其价值。即判断一项法律制度是否具有价值应当将其纳入历史的大环境中加以考量，在今天有价值的制度，在明天不一定具有价值，同样，在今天不一定有价值的制度在过去的历史中有可能价值重大。[1] 用历史的方法来评价一项法律制度的价值，可以让我们对该项法律制度的社会背景以及存在意义有更加深刻的认识。十一届三中全会之后，我国先进行的是经济体制改革，而随着改革开放的深入，政府机构职能优化也在逐步开展，其中精简机构、精简审批事项，提高政府的行政效率，是现阶段优化政府职能的工作重点，这是目前改革开放的社会背景。而随着我国经济的发展，工业产能有了大幅提升，这也带来了大气污染的环境问题，这是目前社会发展的现实背景。在这样的大环境之下，对于区域大气污染的治理而言，选择区域内不同行政主体联合治理是目前法治状态下提升行政效率、加强对大气环境治理的必然选择。所以，大气污染区域治理法律协调机制的存在有着深刻的历史背景，它是目前这个时代的产物，之前没有过，之后也可能不会存在，也可能该项制度的任务会发生变更，但不管怎样，大气污染区域治理法律协调机制的产生是符合现阶段历史条件的产物，而且这一制度与当前社会政治、法律、经济、环境等方面的发展进度保持一致，并没有超越或者严重落后于这一时代所能够接受的现实。由此可见，从历史观来看，大气污染区域治理法律协调机制是一项具有现实价值的法律制度。

---

[1] 卡尔·拉伦茨．法学方法论［M］．陈爱娥，译．北京：商务印书馆，2003：127．

4. 大气污染区域治理法律协调机制的价值冲突及其整合

大气污染区域治理法律协调机制的法律价值有很多，而且在不同的场景之下有可能发挥的作用也不尽相同，在该项法律机制运行过程中，往往会遇到一些价值冲突，如优先保护区域大气环境还是优先发展地区经济，优先保护区域整体利益还是优先保护某一行政主体的利益等，这些问题都直接反映出大气污染区域治理法律协调机制在运行过程中会发生价值冲突的问题。当出现价值冲突后，需要法律协调机制以一种智慧化、利益最大化的思维来加以解决，当然在解决价值冲突问题时需要遵循一定的方法和原则，其中最为主要的是利益兼顾、法益权衡、法律安定等原则。

（1）利益兼顾原则。在市场经济语境下，利益不仅仅是满足经济主体的一种诉求，同时也是社会各类主体所追求的目标。在大气污染区域防治过程中，参与联合治理的法律主体是区域内的行政机构，而每一行政机构不仅仅会有自身的利益表达，同时还会有区域内关于辖区利益的表达，当各主体的表达不完全一致时就容易发生冲突，需要法律协调机制来加以协调。其实，这些冲突往往表现为地方利益之间的冲突或者地方利益与区域利益之间的冲突，抑或者表现为区域内不同辖区之间的管辖冲突等，这些价值冲突归根结底都是利益冲突。解决利益冲突的方法有很多，其中兼顾各方利益是最常采用的价值冲突处理方法。[1] 因而，法律协调机制在处理类似价值冲突时也应当遵循利益兼顾原则，尽量化解权力之间的矛盾，使权力的运行更加顺畅。当然，利益兼顾并非是在处理问题的过程中充当“老好人”或者“和稀泥”，而是

---

[1] 法丽娜. 当代中国多元利益矛盾的法经济学分析［M］. 上海：上海社会科学院出版社，2014：82.

要求在权衡各行政主体的利益诉求以及经济发展状况和大气污染物的实际水平等因素综合进行考量后提出处理价值冲突的方案。

（2）法益权衡原则。当法律机制在处理价值冲突问题时，除了可以利用利益兼顾的方式综合考量冲突各方的利益诉求提出解决问题的方案之外，有时还会遇到矛盾难以调和的情况，这时就需要借助法益权衡原则来进行一定的取舍。法益在法理学中被称为法律所认可并采取相应的措施给予保护的利益，[1] 任何法律制度都有其自身所调整和保护的对象，这些调整对象通常被认为是法律所认可的法益。在一项法律制度或者一种法律事件中，都不可避免地会存在法律所保障的法益，当然法益常常不止一个，很多情况下是复数，这些法益同样可以转化为利益的形式，这就为区别法益的大小或者轻重提供了区别的条件。根据价值位阶的判断方法，重要程度较高的法益排序靠前，应当给予优先保护，反之排序较后的法益则得不到优先保护。这就给法律价值冲突提供了一条解决路径，即先通过价值位阶排序的方法对产生冲突的法益进行比较排序，然后进行取舍，对排序较前的法益给予优先保护。[2] 同理，根据此方法，我们可以观察大气污染区域治理，当区域内不同行政主体之间出现利益冲突时，法律协调机制应当对冲突的利益进行价值位阶排序，优先保护排序在前的价值。依据此方法来协调区域间大气污染治理的利益冲突，可以解决利益冲突难以调和的问题，当然此原则的运用应当以利益兼顾为前提，如果利益兼顾难以解决问题时，才可以运用法益权衡。

（3）法律安定原则。有的时候当利益兼顾和法益权衡都无法

---

[1] 伊东研祐．法益概念史研究［M］．秦一禾，译．北京：中国人民大学出版社，2014：16.

[2] 梁上上．利益衡量论［M］．北京：法律出版社，2013：72.

解决价值冲突时，一般是所冲突的价值在位阶排序时无法分出伯仲，此时就需要从法律的安定性方面来加以考量，优先保护哪一法律价值更加能够获得法律上的安定性就优先保护哪一法律价值。[1] 具体到大气污染区域治理，也会出现区域间各行政主体利益难以协调的情况，此时，法律协调机制在根据利益兼顾和法益权衡原则均无法确定优先保护哪一价值时，则可以根据保障法律安定性原则来进行判断，即保障哪一价值更加有利于维护法律的安定性，就优先保护哪一价值。该种处理价值冲突的原则在区域大气污染治理的过程中尤为重要，因为大气污染区域间联合治理需要参与治理的行政主体能够各司其职、各尽其责，此时就需要建立一个各方主体都能够接受的法律制度来约束各方的行为，在这种情况下，法律制度的安定性就是一个非常重要的因素，若法律制度朝令夕改，那么区域间大气污染联合防治的组织形态将不会长久，所以，当区域间的各方主体出现利益纠纷或者价值冲突时，法律协调机制应当以能够稳定大气污染区域联合防治的组织形态为基准来处理利益冲突。因此，保障法律安定性原则，是大气污染区域治理法律协调机制在解决价值冲突时应当遵循的又一个基本原则。

[1] 王伟光. 利益论［M］. 北京：中国社会科学出版社，2010：37.

CHAPTER 02 >> 第二章

大气污染区域治理法律协调机制的理论基础

对大气污染区域治理法律协调机制理论基础的探究是研究大气污染治理法律协调机制的起点。其理论基础包括环境区域共同治理基础、气象经济学基础、法律经济学基础。

一、环境区域共同治理基础

环境区域共同治理是基于环境区域治理下的一个子理论，所谓环境区域治理，是从空间地理学的层面将治理范围划分为若干区域，然后对各自区域内进行有针对性的治理，进而环境区域共同治理就是将生态环境依据生态学或者地理学的标准划分若干区域，并将地理位置相邻、生物结构性相似的地域都划归为一个区域内，然后实施统一的治理方式，最终使生态环境得到治理。[1] 环境区域治理为大气污

---

[1] 保罗·R. 伯特尼，罗伯特·N. 史蒂文斯. 环境保护的公共政策［M］.2版. 穆贤清，方志伟，译. 上海：上海人民出版社，2004：164.

染区域治理法律协调机制提供了直接的制度性基础。

1. 环境区域共同治理理论

环境区域共同治理并非与生俱来的制度，而是经过实践检验被认为适合环境治理的一种理论，该制度理论之所以能够形成，有着深刻的理论基础，其理论的核心是将治理空间划分为区域具有现实必要性。

首先，生态系统具有多样性。生态系统是由各种动物、植物、生存空间等环境要素所组成的一个开放性系统，这一系统内的环境要素具有多样性的特点，[1] 并且这种多样性并非没有规律，它们在这个系统中以一种秩序化的形式分布着，从表象上看，事态系统是一个混沌的、杂乱无章的、模糊的系统，但是其内部结构却是有秩序的，这种秩序在混沌学中称为分形。[2] 当我们从外观上对事态系统进行观察时，不难发现，在相邻地域范围之内生态系统的组织结构、生物秩序状态、生物物种排列等情况会表现出高度相似性，这就决定了在该生态区域之内采取类似的治理措施可以起到异曲同工的效果。

其次，生态系统具有复杂性。生态系统是由诸多环境要素组成的一个混沌系统，由于该系统处于一种混沌状态，因而不可能用一种规律性的规则来进行描述，而需要用混沌的思维来进行理解。[3] 举一个较为直观的例子就是生态系统就如同拉面的过程一样，总是杂论无章中带有一定的规律性，当最终拉面被做好时，我们却可以在杂乱中找出很多规律，并可以将同一根面条拉得很

---

[1] 弗里德里希·克拉默. 混沌与秩序：生物系统的复杂结构［M］. 柯志阳，吴彤，译. 上海：上海科技教育出版社，2015：14.

[2] 王颖. 混沌状态的清晰思考［M］. 北京：中国青年出版社，2001：7.

[3] 格雷克. 混沌：开创新科学［M］. 张淑誉，译. 北京：高等教育出版社，2014：9.

长，而生态环境就具备类似的特征，我们可以找到一定的规律将一些复杂的环境要素串成一根线条，然后便可以观察到其中的规律性，这是解析生态系统的一个混沌学的思维方法。而空间区域就具备这样的特点，它可以将空间区域内的复杂状态分割成一定的区块，使我们能够更加清晰地看清区域内生态系统的基本特征，从而采取相应的治理措施修复生态环境。从这两方面讲，环境区域治理有着深刻的生态学和混沌学基础，因为区域治理一方面符合生态系统在一定区域内具有相似性的特点，便于用类似方法进行治理，另一方面符合区域共同治理将生态系统条块化，更加能够使我们看到生态系统在区域范围之内的规律性，便于采取相应的治理措施。

因此，对生态环境的治理采用区域治理的方式，有利于收到最佳治理效果，当然，由于大气污染治理也属于环境治理的一个子分支，所以该理论也为大气污染区域治理提供了理论基础。

2. 环境区域共同治理视角下的大气污染治理

站在系统的视角来看，生态系统是一个具有多样性的开放系统，所谓的多样性是环境要素的多样性，而非生态系统表现形式的多样性。在生态系统中，每一环境要素都是生态环境中的一个不可或缺的环境，由此构成一个生态链条，当然这个链条不仅包含了食物链，同时也包含了生态系统通过自净的方式来循环，前者是维持生态环境要素的可延续性运转，后者是维持生态系统的良性运行。[1] 因此，无论是食物链还是自净循环，都是生态系统中的一个重要环节，缺一不可，尤其是在一定区域范围内，生态系

---

[1] 弗里德里希·克拉默．混沌与秩序：生物系统的复杂结构［M］．柯志阳，吴彤，译．上海：上海科技教育出版社，2015：16.

统将会以一种循环的方式来运行。

大气污染属于环境污染的一种具体表现形式，大气污染对于生态环境而言，其危害性是相对显著的。首先，大气污染破坏环境要素。大气污染能够对人类和动物造成直接危害，导致人类和动物呼吸系统病变，严重的甚至会夺走生命。同时，大气污染还会对植物产生危害，一方面是细微颗粒物堵塞植物的茎叶，影响植物的蒸腾作用，并且还会造成酸雨、光化学烟雾等环境损害事件，影响植物的生长，而且雾霾还有可能影响植物的光合作用，最终形成环境气象衍生灾害。❶ 其次，大气污染破坏环境空间。对于生态系统中环境要素赖以生存的空间，通常情况下可以依靠自身的循环来实现自净，以维持区域内生态环境的安全，但是大气污染对于区域环境而言，无疑会形成巨大的破坏，更有甚者这种损害是毁灭性的，最为典型的例子就是某些工业排污企业附近植被几乎寸草不生，没有了植物作为食物，食物链被破坏后，动物资源也会急剧下降，从而使该空间之内的生物多样性遭到毁灭性的破坏。由此可见，大气污染对区域生物多样性的危害是巨大的。

生态环境的区域治理是将生态环境依据其生态多样性的结构特性划分为若干相邻的区域，将具有结构相似性的区域归为一个区域内，然后实施一体化的治理措施，这样就可以实现治理效果的边际最大化。❷

传统意义的生态环境区域治理有三个基础：一是生物多样性的结构特征相似性基础。需在生物多样性结构特征相似的前提下

---

❶ 岳贤平，周飞雪，等. 气象衍生灾害预报机制研究［M］. 北京：中国科学技术出版社，2013：144.

❷ 赫尔曼·E. 达利，小约翰·B. 柯布. 21 世纪生态经济学［M］. 王俊，韩冬筠，译. 北京：中央编译出版社，2015：48.

进行，如果结构特征相似度不高，很难采取相似的治理手段。二是机构空间基础。需在地理空间上相互毗连的地域才可以作为生态环境区域治理的空间，因为只有地域毗连，其空间内的生物属性才具有相似性。三是治理基础。需采取相似的治理手段，这一点比较容易理解，因为空间区域内的生物多样的属性具有相似性，采取相似的治理手段，可以大大提升环境治理的效率。❶ 这是从生态治理技术层面来对生态环境区域治理作出的定义。

法学领域的生态环境区域治理与生态技术领域的生态环境区域治理的定义既有相同点也有不同之处，其相同之处在于都是针对区域的环境问题作出的治理对策，不同之处在于法学领域内对区域的划分并非完全基于生态学意义上的生物种群结构相似性而划分的，通常情况下是根据行政区划划分的，所以法学意义上的环境区域治理与生态学意义上的区域治理在范围上可能并不完全一致。基于这样的特点，可以看出大气污染区域治理的范围以被污染的行政区作为划分依据，其落脚点仍然是行政管辖，而并非生物种群的基础。因此，生态环境区域治理与区域大气污染治理虽然存在逻辑学意义上的种属关系，但是就其范围划定来讲，生态环境区域治理更加偏重于将生物多样性种群结构相似的行政区域联合在一起实施类似的治理措施，而大气污染区域治理则是将大气污染所涉及的相邻地域作为一个整体区域联合在一起实施治理措施，在治理基础和治理范围的划分上略有区别。

3. 环境区域共同治理理念之下法律协调机制的存在基础

环境区域共同治理为大气污染区域治理提供了模式基础，而

---

❶ 马蒂. D. 马特洛克，罗伯特. A. 摩根. 生态工程设计：恢复和保护生态系统服务［M］. 北京：电子工业出版社，2013：79.

大气污染区域治理必须建立一个法律协调机制以协调各参与大气污染治理的行政主体之间的利益关系。同样，环境区域共同治理也为法律协调机制提供了理论基础，主要表现在以下三个层面。

一是制度产生的层面。从制度产生的角度看，大气污染区域治理法律协调机制产生于较高级别的具有立法权的机关对制度的设计或者是区域内不同行政主体具有立法权的机关的联合制定，无论是通过哪种方式建立了大气污染区域治理法律协调机制，立法机关都必须遵循环境区域治理的基本规则，不可能超越该规则，否则将会产生制度性损害。例如，立法机构在设计大气污染区域治理法律协调机制时，不仅要考虑到区域间生物多样性的基础，还要采取共同治理的模式治理大气污染，在尊重这些基本规则的前提之下设计协调区域内各行政主体之间利益关系的基本规则，如表决规则、保护规则、联合执法规则等。

二是制度执行的层面。大气污染区域治理法律协调机制建立后，在执行过程中必须要遵循环境区域共同治理的基本规则和理念，不能采取“各自为政”“各扫门前雪”的做法。因此，环境区域共同治理为大气污染区域治理法律协调机制的运行提供了坚实的思想基础。

三是纠纷解决的层面。在大气污染区域治理的过程中，区域间的各行政主体难免会出现利益纠纷，此时大气污染区域治理法律协调机制所发挥的作用就是要尽量协调各行政主体之间的利益关系，一方面使区域合作能够持续不至于破裂，另一方面也要充分地保障每一个参与主体的基本利益，这样大气污染区域治理才能够得到可持续性的发展。从上述三个层面来看，环境区域共同治理为大气污染区域治理法律协调机制的存续以及运行提供了坚实的思想基础。

二、气象经济学基础

气象经济学是将气象以及大气环境同经济学相结合的一门交叉学科，该学科理论认为大气环境除能够带来正面的、积极的经济效益外，如大气环境为农业经济、旅游经济提供动力；同时当大气环境遭到破坏时，还会对经济产生消极的影响，如气象灾害、雾霾导致的民航停飞等。[1] 可以说气象与经济息息相关。在气象经济学理论范围之内，认为区域大气环境具有整体性，为经济提供动力，区域内大气污染的治理应当在大气环境整体性、区域经济一体化的前提下进行，这样才能够提升大气污染的治理效率。对于大气污染区域治理法律协调机制建立而言，一方面，要坚持区域整体治理、联合治理的观念，这是大气环境基本特征给我们留下的启示；另一方面，要坚持区域经济协作、合作治理的观念，这是气象经济学中效率观念的体现。基于这样的理论，大气污染区域治理法律协调机制的建立以及运行，应当尽量维持主体治理、区域一体化、合作治理的状态，这样才能够提高区域大气污染的治理效率，由此也可以看出气象经济学为区域大气污染治理提供了鲜明的理论基础。

1. 大气污染的基本特征及治理要求

大气环境是指地球平面以上在低层大气中由各种气体、水以及细微颗粒物组成的空间混合体。大气环境主要是由大气成分构成，而大气成分通常情况下可以有两种分类方式，一种是根据大气中分子的浓度进行划分，可以将大气成分分为主要成分、微量成分、痕量成分三类，主要成分氮气、氧气等虽然浓度仅有百分

---

[1] 吴先华，等. 气象经济学［M］. 北京：气象出版社，2010：8.

之几的量，但是体积却很庞大约占空气体积的99%，微量成分包括二氧化碳、水蒸气等，痕量成分包括了氢气、二氧化氮、二氧化硫、一氧化碳、一氧化氮、颗粒物以及污染物等。另一种是根据大气分子的寿命来分类，可以分为不变成分、可变成分和变化较快成分，大气环境中的成分并非是一成不变的，一般而言，容易变化的成分，如一氧化碳、一氧化氮、二氧化氮、二氧化硫等成分的变化容易形成大气环境的污染。而相对不变的成分发生变化，如二氧化碳的变化容易产生温室效应、光化学烟雾事件等，会引发更大范围的灾害。❶

大气污染的机理实际上就是大气成分发生了改变，最终导致大气环境被破坏而形成一定的灾害。正是由于大气成分并非一个固定的量，所以很容易变动，基于这样的原因，大气污染具有以下特性：一是流动性。即一个局域的大气成分被破坏后，这种状态并不会停留在原地不动，会随着气压差或者流向外扩散，很快就会将周边区域的大气成分破坏而形成区域性的大气污染。二是区域性。由于大气环境是一个开放性的环境，局域大气的污染必然会扩散到范围更广的区域，而且被污染的空气还会形成“交叉污染”“混合污染”，最终使区域内的大气环境被整体污染。鉴于大气环境具有这样的基本特征，所以在治理大气污染的过程中不能采取“头痛医头、脚痛医脚”式的“点对点”治理模式，而必须采取污染区域联合治理的“面对面”式的治理模式加以应对。

2. 区域大气环境整体性的要求

由于大气成分的变化是扩散性的，这就决定了大气污染的发

---

❶ 张小曳，周凌晞，丁国安．大气成分与环境气象灾害［M］．北京：气象出版社，2009：1－2.

生是“一地发生多地受害”，最终形成区域大气污染，而这一过程又并非指发生在一地，其结果是“多地污染整体受害”，因此大气环境污染是区域内大气环境整体的污染，区域大气污染作为一个整体现象而独立存在。从环境治理的技术层面来看，对区域大气污染治理不一定进行局部治理，因为即使局部得到治理大气成分的变化依然会扩散到所治理的区域之内，大气污染并没有得到彻底的治理，所以只能进行整体治理和全面治理，[1] 这是根据大气环境的特性在技术层面所应当遵循的规则。对于科学技术而言，我们必须采取科学研究的态度，否则违背科学规律必然会导致失败的结果。而作为大气污染防治法律制度，虽然仅仅是一种人为的规定，但是法律制度的产生以及运行必须建立在可实施的基础之上，从这一角度来看，大气污染防治法律制度的实施以在科学技术层面可实施作为前提。因此，我们可以得到一定的启示，就是大气污染防治法律制度应当坚持整体治理的基本原则，而不能是分散治理的方式，所以基于区域大气环境整体性的特性，治理区域大气污染应当采取整体治理、联合防治的方式，才能够实现区域间大气污染物总量下降的目的。

3. 区域经济一体化的要求

中共十八届三中全会后我国确定了改革开放发展经济的新方向，即要大力发展高附加值的新技术、低污染的新能源、资源循环利用的生态经济，大力提高供给质量，提高供给效率，消除无效供给，时下的供给侧改革就很好地贯彻了这一方向。[2] 在供给侧改革的大背景之下，要求整合资源，提高资源的利用效率，实现

---

[1] 刘景良. 大气污染控制工程［M］. 2版. 北京：中国轻工业出版社，2012：49.
[2] 滕泰，范必，等. 供给侧改革［M］. 北京：东方出版社，2016：41.

资源互补，彻底摆脱经济发展对矿产资源的依赖。而区域经济由于在地理区位上具有较高的相似度，实行区域经济一体化可以充分利用各独立单元的经济优势，实现资源共享、优势互补，从而可以提高区域间经济供给的效率，这种经济发展模式符合供给侧改革的基本精神。

早在中共十八届三中全会之后，我国就将“京津冀协同发展”等区域经济发展模式作为国家重大发展方向，这充分地说明了党中央对区域经济一体化发展的重视。区域经济一体化发展的内容非常广泛，其中经济协同发展，产业优势互补，交通互联互通，环境协同治理都是区域经济一体化的重要内容。但就区域间接协同治理而言，这是实现区域经济一体化发展的空间保障，发展经济不能以牺牲后代的环境利益为代价，这是在科学发展观指导下可持续发展的主导思想，[1] 同理，区域经济的发展也应当以保障区域环境为前提。因此，在区域经济一体化发展思想的指导下，要求区域大气污染治理采取协同治理的措施，才能够满足区域经济协同发展的要求。

4. 区域大气环境合作治理的要求

改革开放后我国工业产能得到了几何式的增长，但是也带来了一定的环境问题，如废水的排放、废气的排放等。通常状态下，大气污染是多地域、多企业同时排放、持续排放、超标排放、随意排放所造成的综合性的不利结果。[2] 所以，对区域性大气污染，往往不同行政辖区内的排污企业都有责任。针对区域大气污染的

---

[1] 王守荣. 气候变化对中国经济社会可持续发展的影响与应对［M］. 北京：科学出版社，2011：23.

[2] 郝吉明，马广大，王书肖. 大气污染控制工程［M］. 3版. 北京：高等教育出版社，2014：71.

这种特点，在治理时就应当由不同行政辖区内的行政主体联合在一起，对本辖区内的排污企业以及排污行为给予限制，只有合作才能够打赢治理大气污染这场硬仗。

当然区域合作的模式有三种：一是地区间的合作。如京津冀一体化就是地区间合作的范例。二是城市间的合作。如珠三角经济区对空气质量的管理，就属于城市间合作的典型事例。[❶] 三是城市与农村的合作。由于我国城市化进程的加快，农村人口大量涌入城市，城市建设规模加大，建筑扬尘增加、能源消耗增加，都使城市的供给压力大大提升，尤其是以能源消耗为主的城市，压力会更大。随着近年来，城市雾霾现象的时有出现，城市开始意识到工业生产、企业排污、建筑扬尘等给城市带来了副作用，在经过反思后出台了许多疏解不符合城市功能的产业政策，目的就是降低城市大气污染物排放总量，减少能源消耗，保护大气环境。[❷] 被疏解的城市工业会向农村转移，这些污染企业将大气污染又带到了农村，所以在城市产业实施战略转移后，农村地区的大气污染就成为一个不容忽视的问题。基于这样的现状，治理大气污染就应当采取城市与农村联合治理的方式。

从上述三种合作模式来看，大气污染治理不同于其他环境损害的治理，其他环境损害的治理可以由单一行政辖区行政主体各行其是就可以解决，而区域大气污染必须依靠区域间多个行政主体相互合作的方式才能够得到治理，可以这样说，合作治理是大气污染区域治理的必经途径。既然治理大气污染必须合作，那么这样的合作必然是区域间不同行政主体之间的合作。

---

❶ 叶林．空气污染治理国际比较研究［M］．北京：中央编译出版社，2014：236.

❷ 孟健军．城镇化过程中的环境政策实践［M］．北京：商务印书馆，2014：106.

三、法律经济学基础

法律经济学是将法律与经济学相结合的一门交叉学科，主要是将经济学的理论作为分析工具来分析法律现象，一般情况下是围绕成本收益等经济问题展开，最后得出一种效率最大化的结论。[1] 用法律经济学的方法分析法律现象往往可以得到与法律关系分析法所得结论不同的分析结果，这种结果恰恰是非常重要但是常常又为我们法律人所忽视的。[2] 就大气污染区域治理法律协调机制而言，我们也可以从法律经济学中找到其存在的理论依据。

1. 大气污染区域治理法律协调机制设立的法律经济学基础

任何一项法律制度的产生，都并非空穴来风，都有着其赖以生存的物质文化背景，从经济学的角度来看，法律制度的产生是社会对某一现象法律调整的需求与国家立法机构所能够提供的法律供给之间恰好能够形成均衡，此时就会设立一项新的法律制度。[3] 大气污染区域治理法律协调机制亦不例外，也是法律需求与法律供给均衡的产物。

所谓立法需求就是社会对建立某项法律制度存在的需求，这种需求可以是针对中央立法机关的，也可以是针对地方立法机关的。[4] 具体到大气污染治理领域，近年来，大气污染已经成为社会广为关注的对象，但现实中各地方政府对大气污染的治理并不尽

---

[1] 于立，吴绪亮，唐要家，等. 法律经济学的学科定位与理论应用［M］. 北京：法律出版社，2013：7.

[2] 冯玉军. 法律与经济推理：寻求中国问题的解决［M］. 北京：经济科学出版社，2008：19.

[3] 冯玉军，柯华庆. 法经济学［M］. 北京：中国人民大学出版社，2013：141.

[4] 周林彬. 法律经济学：中国的理论与实践［M］. 北京：北京大学出版社，2008：86.

如人意，原因有多个，其中治理方法单一是难以取得良好效果的主要因素。因为，以往按照行政管辖“各扫门前雪”的治理方式，仅仅是暂时有效，这种治理方式并不能阻碍空气的流动和大气成分变化的扩散，因此治理效果并不明显。因而，社会需求能够将区域内多个行政主体联合在一起共同治理区域内大气污染并将其规则化、制度化，这是大气污染区域联合防治产生的现实基础，即有了社会需求，才能够产生社会制度。

当然，大气污染联合防治并不一定是一种运行模式，通常情况下会有两种模式：一是命令式。即由有立法权的上级行政机关负责将区域的不同行政主体联合在一起，共同治理区域大气污染，例如，由省政府出面牵头，带领各市政府共同治理本省范围内的大气污染，这是一种较为常见的运行模式。二是协议式。即没有上级行政机关出面牵头，而是由区域内各自独立且具有一定行政职权的主体联合在一起共同签订协议，以协议的行使确立大气污染区域共同治理制度。无论这两种方式中的哪一种方式都需要区域内各行政主体主动配合、互通有无，并在联合执法、跨区执法等问题上有所作为，但是要达到这样的标准，必须建立一个法律协调机制，以协调区域内各行政主体的权利义务和化解行政主体之间的矛盾，这是社会对立法机关建立大气污染区域治理法律协调机制的一种需求，该种需求转化为法律术语就是要社会存在建立大气污染区域治理法律协调机制的立法需求。

法律供给是国家立法机关或者地方立法机关，针对社会的立法需求而依据法律程序设立相应法律制度的过程。[1] 法律供给是专属于立法机关的一项职能，立法机关提供法律供给通常情况下有

[1] 冯玉军，柯华庆. 法经济学 [M]. 北京：中国人民大学出版社，2013：142.

三种模式：一是整体供给。即社会对立法机关的需求反馈到立法机关后，立法机关根据对实践的研判，认为法律需求得当，就会提供整体性的法律供给。二是部分供给。即对社会的立法需求并非全部满足，而是暂时先满足其中一部分，对这一部分内容提供法律供给。三是暂不供给。即对社会的立法需求暂时不予考虑或者给予否定，不提供法律供给。

一般情况下，三种法律供给的方式中第二种是最经常出现的，但无论立法机关是否提供法律供给，社会有一项制度设置的需求，立法机关的法律供给制度运行机制就应当给予充分考虑。[1] 针对大气污染区域共同治理法律制度，社会有着强烈的需求，因为时下大气污染已经严重危及人类的生存环境，社会民众基于对良好生活环境的渴望，对建立大气污染治理法律制度会有强烈的需求，于是我们可以看到《大气污染防治法》的修改。而大气污染区域治理制度并非一项孤立无援的制度，需要有配套的制度加以支持，区域内各行政主体在联合防治大气污染的过程中需要有一种程序的法律机制加以协调，这样才能够使行政主体之间的协作保持顺畅，因而，社会需要建立这样一个协调处理机制来协调行政主体之间的关系，只有协作关系被理顺，区域间大气污染治理的效率才能够得到提升。对于这样的立法需求，立法机关提供相应的法律供给是保持区域大气污染共同治理机制能够得到良好运行的关键。

从经济学的角度来看，决定社会生产总量的指标是社会总需求与社会总供给，总需求大于总供给表现为供不应求，社会经济的发展将受阻，而总供给大于总需求则表现为供大于求，社会资

---

[1] 魏建，周林彬．法经济学［M］．北京：中国人民大学出版社，2008：43．

源的使用将出现浪费，资源使用效率并不高。[1] 而对于立法制度而言，也存在同样的趋势，即国家和地方立法的总量与社会总需求呈现正相关关系，对立法的社会总需求大于法律总供给时，则会出现立法上的供不应求，直接表现就是法律出现所谓的“漏洞”或者法律过时难以调整当下社会现实；当立法的总供给大于总需求时，立法资源被不当地消耗，多表现为立法超前或者是法律闲置，无论是哪种，法律的使用效率都不高。[2] 因此，要提升立法的效率，就需要从立法需求入手，了解社会对立法需求的真实状态，经过调研评估之后，再制定相应的规则，这样就可以做到有针对性地立法，以提升立法效率。

对于大气污染区域治理法律协调机制的设立而言，社会有在区域间建立这样一个协调机制的立法需求，尤其是对行政机关而言，这种需求的现实性更强，因为中共十八届四中全会之后，依法治国被提到了一个前所未有的高度，在这样的一种法治氛围之下，区域间政府联合治理大气污染也需要有明确的规则来指导其行政行为，因此，立法者提供大气污染区域治理法律协调机制的制度供给实际上是立法需求与立法供给之间取得均衡的表现。由于大气污染区域治理法律协调机制在立法中尚属于新鲜事物，所以不存在立法供给过剩的问题，相反，若立法在此制度上确立的规则不够全面，则会导致供给不足，有可能会影响区域大气污染协调治理的进度。

2. 大气污染区域治理法律协调机制的运行效率分析

判断一项法律制度是否能够满足实际生活的需要，会有很多

---

[1] 让-帕斯卡尔·贝纳西. 宏观经济学：非瓦尔拉斯分析方法导论［M］. 刘成生，朱远清，郭上沂，译. 上海：上海人民出版社，2006：93.

[2] 李珂，叶竹梅. 法经济学基础理论研究［M］. 北京：中国政法大学出版社，2013：91.

判断标准，从法律经济学角度来看，其标准之一就是效率，法律制度的效率高，则该制度的实用价值也高，反之则低。❶ 依据这样的判断标准，我们来审视大气污染区域治理法律协调机制，不难发现该制度的实施可以提升法律实施的效率，从而有利于大气污染区域治理的完成。

在经济学中成本关系到决策的方向，小到个人消费、家庭生活，大到企业运营、国家战略，都离不开对成本的计算，可以说成本是影响决策的关键指标。❷ 目前所实施的供给侧改革，其中任务之一就是要降低供给成本，提升有效供给质量，从而提升供给效率，可见成本对于经济制度而言是一项非常重要的指标。

在法律经济学看来，一项法律制度的实施成本决定了该项制度能否被长期有效地贯彻。❸ 具体到大气污染区域治理法律协调机制的运行，也会遇到实施成本的问题，从成本的结构构成来看，可以将其分为两类成本。

一是显性成本。主要包括了大气污染区域治理法律协调机制运行所需要花费的经济投入、人力投入、物力投入等。显性成本由于是可视化的，可以用金钱和数量来衡量，因而又可以称为会计成本，在环境法律制度中，会计成本决定了该项制度能否具有可实施性。❹ 从这一角度来看，大气污染区域治理法律协调机制虽然需要成本投入，但是数量非常小，首先，就运行成本而言，大

---

❶ 理查德·A. 波斯纳. 正义、司法的经济学［M］. 苏力，译. 北京：中国政法大学出版社，2002：102.

❷ 克利斯托夫·帕斯，布赖恩·洛斯，莱斯利·戴维斯. 科林斯经济学辞典［M］. 3版. 罗淑，译. 上海：上海财经大学出版社，2008：139.

❸ 陈国富. 法经济学［M］. 北京：经济科学出版社，2006：9.

❹ 国部克彦，伊坪德宏，水口刚. 环境经营会计［M］. 葛建华，吴绮，译. 北京：中国政法大学出版社，2014：35.

气污染区域治理法律协调机制的运行完全是依靠该项制度事先确立的规则，而规则本身的运行并不需要投入过多的资金。其次，就人力成本而言，大气污染区域治理法律协调机制的运行虽然也需要一定的人力资源，但是多为政府部门的人员兼任，所以也不会产生过多剩余人力资源的投入。最后，从物力投入来看，大气污染区域治理法律协调机制的运行也需要有一定的物力投入，但是这些物力都可以包含在政府治理环境的预算之中。从这些方面来看，大气污染区域治理法律协调机制的运行的显性成本虽然是可以会计化的，但是均可以转化或者被包含在其他项目的投入之中，该制度真正消耗的成本是比较少的。因此，大气污染区域治理法律协调机制的运行不会导致显性成本的增加。

二是隐性成本。隐性成本在经济学中是指不可以用金钱来计算的成本，通常情况下表现形式是时间、精力、机会成本等。[1] 隐性成本决定了一项制度能否实施长久。[2] 由于大气污染区域治理法律协调机制本身是一组关于协调区域内各行政主体在治理大气污染过程中利益关系的规则，因而该规则的运行是“绿色化”的，即无须投入过多精力，就可以达到制度的目的，这就是所谓的以规则应对变化、以不变应万变，这样可以大大节省时间和精力的投入，起码比依靠上级部门的综合协调节省时间，也更能够体现法治，因而隐性成本并不高。从这两方面来分析，实际上大气污染区域治理法律协调机制的运行并不会消耗过多的成本。

收益是经济实体所追求的对象，同时也是经济实体赖以生存

---

[1] 罗伯特·考特，托马斯·尤伦. 法和经济学［M］. 6版. 史晋川，董雪兵，等译. 上海：格致出版社，2012：35.

[2] 罗纳德·H. 科斯. 企业、市场与法律［M］. 盛洪，陈郁，译. 上海：格致出版社，2014：78.

的基础，收益大于成本则处于盈利状态，收益小于成本则会出现亏损。对于一项法律制度而言，也存在着收益问题，即法律关系调整对象的解决、法律制度产生社会效益、法治状态的提升等，都可以是法律制度的收益。[1] 对于法律制度而言，若收益不及成本投入，那么该制度的存废就要被认真地考虑一下了。而相应的，若法律制度的收益较高，那么该制度将被社会广泛接受并使用。

具体到大气污染区域治理法律协调机制的运行，可以得到三个层面的收益：一是显性收益。即通过大气污染区域治理法律协调机制的运行可以有效地协调区域内各行政主体之间的利益关系，最终使各行政主体能够和谐地共同治理大气污染，这是大气污染区域治理法律协调机制实施后最为直接的显性收益。二是隐性收益。大气污染区域治理法律协调机制不仅可以带来显性收益，其隐性收益也不容忽视，最为典型的隐性收益就是法治的创新和推动法治建设的进步。中共十八届四中全会后，依法治国成为社会法治的一个基本理念，法治创新成为法治改革的一个主旋律，时下法治改革已经进入深水区，而大气污染区域治理法律协调机制的建立，为法治改革增添了一抹亮色，为区域法治合作提供了一种可借鉴的模式，这是该项制度实施后所能够带给社会的一大收益。三是预期收益。大气污染区域治理法律协调机制的预期收益就是社会效果，即通过该制度的实施有利于区域间各行政主体相互配合治理大气污染，从而使区域大气污染得到控制，对于社会而言，这正是所期待的效果。

在经济学中，效率是经济实体所追求的核心目标，效率是收益与成本比值的公式化表达，在法律经济学中，一项法律制度是

---

[1] 张乃根．法经济学：经济学视野里的法律现象［M］．北京：中国政法大学出版社，2003：92．

否具有效率，通常情况下指的是静态效率，是该项法律制度的实施收益与该项制度的实施成本之间的比值。[1] 很显然，从数学的层面看，同等成本投入的情况下收益越高效率越高。同理，在同等收益的情况下，成本投入越少也可以获得效率提升的效果，当然，如果投入的成本降低，并且所获得的收益不降反增，这样效率的增长速度将呈现出一种几何增长的趋势。由此，我们可以观察到大气污染区域治理法律协调机制这项法律制度，就符合这样的规律，即制度实施成本降低的同时收益反而得到了提升，这样我们就可以得出一个结论，即大气污染区域治理法律协调机制的实施具有法律效率，因而能够得到社会的认可和推广。

3. 大气污染区域治理法律协调机制运行的博弈分析

博弈论被认为是经济学中最为重要的理论，博弈论所阐释的是若干参与人所参与的博弈对局中，自己的行动收益并不完全取决于自己的决策，而还要取决于博弈对方决策的一种分析方法。[2] 由于法律关系是调整社会生活中人们之间交互关系的一种范畴，无论是其调整人与人之间的“人人”关系还是人与自然之间的“人物”关系抑或以财产、知识产权为调整对象的“物物”关系，但最终可以归结为人与人的社会关系。[3] 而在博弈论中，无论是完全博弈还是非完全博弈，其实施主体都是人与人之间的决策对比，因此可以说博弈论的分析方法天生就可以很好地分析法学现象，[4] 这一点在法律经济学界是被广泛认同的。

---

[1] 戴维·M. 德瑞森. 法律的动态经济分析［M］. 王颖，译. 上海：复旦大学出版社，2015：161.

[2] 魏建，周林彬. 法经济学［M］. 北京：中国人民大学出版社，2008：87.

[3] 凯尔森. 纯粹法理学［M］. 张书友，译. 北京：中国法制出版社，2008：50.

[4] 冯玉军，柯华庆. 法经济学［M］. 北京：中国人民大学出版社，2013：103.

就大气污染区域治理法律协调机制的运行而言，所调整的对象是区域内参与大气污染治理的各个行政主体，由于每一个行政主体都有各自辖区的自身利益，与此同时，在区域整体环境利益的约束之下还与其他行政主体之间发生着利益关系，这样各个行政主体如何决策自身的行为或者如何基于其他行政主体的行政行为而修正自身的行为，就会形成一种博弈关系。由此可以看出，区域整体的环境利益并非由区域内所有行政主体平均分配，当各行政主体的环境利益出现不均衡时，其带来的后续问题是产生连锁式的反应，将会带来其他利益的不均衡，于是博弈状态就此形成，这是区域内行政主体产生博弈的基础。当然，大气污染区域治理法律协调机制就是在区域内的行政主体形成博弈之后，用一种规则化的制度在博弈各方之间建立一种游戏规则，使参与博弈的各个行政主体都能够获益。需要注意的是，大气污染区域治理法律协调机制是一种“1 +1 >2”的共赢式博弈模式，而并非是一方的收益以他方的损失为前提且一方的获益量等于对方的损失量为基础的零和博弈。[1]

区域大气污染联合治理其实是区域内各参与大气污染治理的行政主体相互合作、相互博弈的过程，因而大气污染区域治理法律协调机制的运行，实际上就是设定游戏规则、调整利益关系的过程。

对于大气污染区域联合治理而言，各参与行政主体之间的博弈属于信息不完全的静态博弈，所以，信息就成为参与博弈的主体作出决策的关键要素。在博弈论中，所谓的信息就是能够满足或者支撑参与博弈的主体作出决策或行动的信号，当然这个信号

[1] 道格拉斯·G. 拜尔，罗伯特·H. 格特纳，兰德尔·C. 皮克. 法律的博弈分析［M］. 严旭阳，译. 北京：法律出版社，2006：353.

并不需要是完全的，即不完全信息的博弈往往是博弈的常态。[1] 由于信息在通常情况下是不完美的，这时就会给博弈参与人的决策带来一定影响，博弈参与人自身的决策往往会取决于博弈对方的决策，当然这样的决策并非一种效率化的决策，必然会丧失或者浪费一定的资源，在一次博弈之后，博弈的结果往往并不是最有效率的，于是各参与博弈的主体就会在第一次博弈的基础之上，根据第一次博弈时获得的信息来判断对方可能的行动策略来决定自己的行动策略，这样就会产生第二次博弈。同理还可以产生第三次博弈，第四次博弈……这种博弈的状态可以称为重复博弈。[2] 经过重复博弈之后，博弈各方的行动策略都可以得到一个相对最优的选择，即每一参与博弈的主体，相对于其他主体的策略而言都是最佳策略，这样谁都没有动力去改变自己的行动策略，这样就形成了一种均衡的状态，对该种状态的数学论证由美国著名经济学家约翰·纳什提出，因而该种均衡状态被称为纳什均衡。[3]

博弈论中，认为行动策略实现纳什均衡时，可以达到行动策略的最佳效率。因而，为了尽快使行动策略达到纳什均衡，则需要使参与博弈的主体在每一次博弈的过程中获得相对充分的信息，然而信息的本性天生就具有不对称性，己方信息不可能百分之百地被对方熟知，于是建立沟通机制对于博弈过程尽快形成纳什均衡而言是至关重要的。在经济学看来，信息的不对称，其结果必

---

[1] 罗伯特·吉本斯. 博弈论基础［M］. 高峰，译. 北京：中国社会科学出版社，2015：112.

[2] 朱·弗登博格，让·梯若尔. 博弈论［M］. 黄涛，郭凯，龚鹏，等译. 北京：中国人民大学出版社，2013：149.

[3] 乔尔·沃森. 策略：博弈论导论［M］. 费方域，赖丹馨，等译. 上海：格致出版社，2010：81.

然会引发逆向选择，其中所诱发的道德风险不可避免，[1] 从这一点来看，建立博弈规则约束机制是十分必要的。大气污染区域治理法律协调机制的运行，就是这样一项制度，它可以解决参与主体之间的信息不对称问题，促进各个行政主体之间的合作，从而使各个主体的行动决策都能够达到相对最优，这样就可以使参与治理的行政主体的效率达到最大化。因此，从博弈论的角度来看，大气污染区域治理法律协调机制的设立以及运行有着坚实的理论和现实基础。

4. 大气污染区域治理法律协调机制与社会福利的提升

社会福利制度的内容非常广泛，包含了群众物质财富的增加，文化娱乐等精神需求的满足，幸福指数的增长，生存空间的改善等，其中环境保护法律制度可以改善人们的生存环境空间，因而也属于社会福利的一个组成部分。[2] 福利经济学的核心内容就是如何使社会资源达到最优化的配置，在生态环境治理领域之内，实现社会资源合理配置，可以使社会资源的使用效率达到最大化，从而可以为整个社会带来更多的福利，具体而言，就是要使环境行政管理资源得到优化配置，才能够实现对生态环境效率化的治理，最终提升整个社会的福利水准。

从经济思想发展史的角度来看，解决社会福利的方案有许多，其中最为重要的一个规则就是帕累托效率。该思想由意大利经济学家帕累托在20世纪初提出，其中指出当社会存在两个选择目标时，在保持一个目标不变的情况下推进另外一个目标，则社会的总体福利得到提升，而每一目标的利益都不会得到损害，此种多

---

[1] 艾里克·拉斯穆森. 博弈与信息：博弈论概论［M］. 4版，韩松，张倩伟，庞立永，等译. 北京：中国人民大学出版社，2012：215.

[2] 桑原洋子. 日本社会福利法制概论［M］. 韩君玲，邹文星，译. 北京：商务印书馆，2010：78.

目标选择的方法叫作帕累托最优。[1] 该思想是多目标选择时的一个重要方法，时过百年，经济学家帕累托的诸多成就都已为后世理论所超越，但是唯有帕累托最优理论时至今日尚未被取代，稳坐福利经济学核心原理之列长达百年历史。帕累托最优在法律经济学中也有充分的运用，尤其是在环境经济制度中更为突出，具体而言，当一项环境法律制度的实施，不会牺牲或者侵害其他制度的利益，但是该制度又可以带来生态环境利益的增加，此时社会总的福利水准是有所增加的，在这种情况下该项环境法律制度的出台和运行是有效率的。[2] 以此来观察大气污染区域治理法律协调机制，不难看出，该项法律机制的出台并不会影响其他法律制度的利益，但是协调机制本身通过协调区域内各行政主体之间的利益关系，使得各方能够做到各尽其责、相互配合，从而提升了区域内治理大气污染的效率，使得大气污染能够得到尽快消除，社会整体福利有所增加，因此，大气污染区域治理法律协调机制的出台有利于大气污染治理效率的提升，符合帕累托效率规则。

---

[1] 皮特·纽曼．新帕尔格雷夫法经济学大词典：第3卷［M］．许月明，译．北京：法律出版社，2003：6.

[2] 吉田文和．环境经济学新论［M］．张坤民，译．北京：人民邮电出版社，2011：73.

CHAPTER 03 >> 第三章

大气污染区域治理法律协调机制的结构框架

对于大气污染区域治理法律协调机制而言，其具体运行包含了三个主要层面的机制，即立法协调机制、执法协调机制、司法协作机制，这三个机制构成大气污染区域治理法律协调机制的基础框架，并且这三个机制相互联系、相互配合，共同组成一个动态的法律调整系统。

一、大气污染区域治理的结构性冲突与法律协调机制

1. 大气污染区域治理的结构性冲突

根据制度经济学的基本原理，制度是规范社会生产、社会交往的规则，即制度是社会博弈的产物，同时也是社会博弈的规则，❶ 从博弈论的角度来看，制度的演化、变迁是一种从非均衡向

❶ 青木昌彦. 比较制度分析［M］. 周黎安，译. 上海：上海远东出版社，2001：6.

均衡化变迁的过程，最终将会形成一种制度上的均衡。[1] 而所谓的制度均衡，就是制度的安排和制度的结构能够达到一种和谐的状态，当达到和谐的状态之后制度的制定者在短期内不会改变该项制度，并且该项制度可以运行良好。用这样的思维来审视目前的大气污染治理制度，不难发现该制度有以下特点。

一是缺乏一种整体治理的观念和具有约束力的、可执行的区域治理的规则。虽然《大气污染防治法》(2018) 中明确规定了区域联合防治制度，但是不可否认的是目前该项制度的实施办法并未出台，所以执行起来存在较大难度。二是缺乏协调治理的法律机制。以往我国大气污染的治理基本上都是各自为政的状态，缺乏协调治理的观念，各行政区管辖区域治理大气污染的活动相对独立互不联系，这样"蜻蜓点水"式的治理不仅不能起到彻底治理的效果，而且还会滋生一些不作为的渎职侵权行为。

从上述基本特点可以看出，目前我国大气污染法律制度所存在的根本性问题就是缺乏权力运行安排的问题，即与大气污染治理相关的权利资源并未做到合理调动充分运用，从这一角度来看，目前大气污染治理法律制度所存在的问题其实是结构性问题，即法律制度的运行结构在一定程度上存在冲突，致使法律行为的运行存在一定困难。[2] 具体而言，就是目前对大气污染治理仅有《大气污染防治法》(2018) 这样的直接性规范来调整，并不涉及其他法律规范，但实践中，对大气污染的治理从法律层面上讲需要各种法律权力的相互配合才能够完成，我国法律的运行机制分为立

---

[1] 胡乐明，刘刚．新制度经济学原理［M］．北京：中国人民大学出版社，2014：201．

[2] 王正平．环境哲学：环境伦理的跨学科研究［M］．上海：上海教育出版社，2014：143．

法、执法和司法三大领域，因此，需要在三者间建立一定的权力运行机制来规范各领域内法律行为运行状态，使大气污染治理制度实现制度上的均衡，这样才能够使大气污染治理制度的结构性矛盾得以化解。

2. 大气污染区域治理的立法冲突

在制定法领域之内立法是法律制度产生的根本，没有立法就不会有法律制度，这一点为法律学者所广泛认可。而从立法的角度来看，我国的大气污染治理法律制度的建立其实是解决立法供需矛盾的一个过程，以法律经济学的观点来看，立法者所能够提供的法律供给是与其自身法律资源的多少相互联系的，同时也与民众对法律制度建立的需求息息相关，一般而言，立法数量的多少与社会需求的数量成正比，而立法的速度又与社会需求的迫切程度成正比，从这个角度来审视大气污染治理制度，依然存在结构性矛盾的问题，所出现的矛盾可以分为两大类。

一类是横向矛盾。即立法机关制定的法律规范是否能够适应社会对大气污染治理的要求，在该领域之内必然会存在立法机关与其他行政机关乃至司法机关之间的关系如何协调的问题，但是这样的矛盾至今尚未得到彻底的解决。另一类是纵向矛盾。即在立法领域内的不同立法主体之间会存在立法利益如何分配的问题，解决好了这一问题，大气污染的实际治理才能够做到依法进行，然而从长期的实践来看，立法程序中所出现的横向与纵向的两个层面都存在一定结构性的矛盾，大气污染治理的立法工作只有很好地平衡参与立法者各方之间的利益关系，实现大气污染治理法律制度的制度性均衡，这样区域内大气污染治理制度才能够真正发挥效用。具体而言，大气污染区域治理的立法工作不仅要解决技术性问题，还要解决区域内各个行政主体之间的权力资源配置以及权力运行规则的问题，这对于区域立法而言是至关重要的。

3. 大气污染区域治理的执法冲突

大气污染区域治理的执法过程也会存在一定的冲突，这种冲突主要表现为两大类：一类是执法权的配置冲突；另一类是执法权的运行冲突。所谓执法权的配置冲突就是执法权之间的权限划分界限不够清晰，权利义务不够明确，执法事项各有差异，最为典型的就是跨行政管辖区域的行政执法权的权力配置问题。我国的行政执法权来自于宪法和行政管理法的授权，但是由于立法资源的有限性在某一部法律之上往往不会投入过多的资源，所以法律制度的规定在通常状态下都不可能是面面俱到的，这就会使行政执法权的权限存在很多模糊地带，尤其是行政执法领域十分繁杂，涉及的事项也很多，立法无法做到事无巨细也属正常现象，因此行政执法权之间往往会存在相互交织、界限不清的现象，而且此类现象在行政执法权的配置领域是非常普遍的。而在实践中这类冲突也表现得异常明显，往往是同一事项好几个机关部门都具有管辖职权，并且各自的权限划分并没有一个清晰的界限。时下进行的政府公开权力清单的改革，就是要对政府行政执法权力的分配给予一个明确清晰的界定，以使行政执法权的运行做到规范高效。

从具体层面来看，目前大气污染的跨区执法权的配置问题已经成为司法实践中的一个突出问题，不同行政辖区的执法主体如何分配权力资源、如何协同治理，存在着现实矛盾，对于这些矛盾，需要依靠执法权的权力配置才能够予以完善。所谓的执法权的运行冲突，就是行政执法权在运行过程中所产生的执法困难现象。从以往政府治理大气污染的实践来看，基本上都是以行政辖区为单位的划片式治理方式，责任主体仅对辖区之内的大气污染状况负责，包括行政执法方式在内都是这种执法方式。

对于大气环境而言，大气具有流动性是大气环境的自然属性，而执法过程依据辖区实行划片执法，这本身是针对人类社会群居现象而实施的便于管理的一种具体管理措施，这种管理措施具有社会属性，从属性层面来看，大气环境的变化具有动态的自然属性而行政执法权具有静态的社会属性，❶ 二者一静一动必然发生冲突，换言之，用传统的行政管辖的执法方式来解决大气污染的问题尤其是解决跨区域大气污染的问题并不会产生很好的治理效果。

从上述两类矛盾来看，目前大气污染行政执法尚存在诸多问题，需要从制度层面来加以解决才能够克服执法权的冲突，使大气污染环境执法运行顺畅。

4. 大气污染区域治理的司法冲突

大气污染属于环境损害的一种类型，从法律责任的角度来看，有损害就应当有针对损害给予救济的法律机制，❷ 该种法律机制在法理学中被称为法律责任制度，换言之，大气污染的损害最终会用法律责任制度来加以弥补，该种法律责任制度就是环境法律责任，其实现方式就是通过司法程序。因而司法程序对于解决大气污染环境法律纠纷而言，是一种矛盾解决方式，同时也是大气污染治理必不可少的一种路径。进一步讲，对于区域性大气污染而言，发生纠纷的可能性非常大，而且解决纠纷的难度更大，因而以司法程序来解决区域大气污染纠纷的必要性也非常大。

当然，以司法程序的方式参与区域大气污染治理也存在一定的矛盾冲突：一是司法权的运行冲突。所谓司法权运行的冲突，

---

❶ 左玉辉，华新，柏益尧，等. 环境学原理［M］. 北京：科学出版社，2010：301.

❷ 罗伯特·阿列克西. 法：作为理性的制度化［M］. 雷磊，译. 北京：中国法制出版社，2012：78.

就是在区域内不同辖区司法权之间在案件管辖、司法协作等方面所发生的矛盾冲突。由于司法权具有地域性的特征，都是以行政辖区为单位来对案件行使管辖权，而区域大气污染往往涉及不同的辖区，这些辖区对于大气污染环境纠纷如何行使管辖权，往往需要各地方相互协调与协商，自然会发生利益分配的矛盾。二是司法权与行政权之间的冲突。执行难是司法领域内的一种普遍现象，然而对于环境损害纠纷而言，执行难度会更大，因为造成环境污染的主体往往是生产能力较强、规模较大的企业或者实体，这样的主体在很多情况下对地方经济的贡献率还比较高，地方政府往往会出于保护地方经济的需求而对类似企业或者实体给予一定经济上或者待遇上的政策优惠，在这种情况之下司法机关想要对这些企业或实体强制执行会受到一定的阻力，尤其是在异地执行的情况下这种阻力会异常强大。因而在大气污染异地司法执行中，司法权与行政权之间会出现一定冲突，如何协调则需要建立相应的制度规范加以调整。从上述两个方面来看，通过司法程序的方式参与区域大气污染治理，在现行的司法状态之下存在很多实际困难，解决这些困难都具有相同的指向性，即只有建立协调机制来协调区域内各行政辖区司法权运行的规则和程序，司法权才能够得到良好的运行，区域大气污染环境纠纷才能够最终得到解决。

5. 大气污染区域治理法律协调机制的运行方式

大气污染区域治理不仅仅要从技术层面来解决大气环境的各种环境指标是否达标的问题，更要从制度层面解决参与大气污染区域治理的机构之间职权配置以及权力运行和配合的问题，只有将这一问题制度化、持续化，区域性大气污染才能够得到治理。具体而言，就是需要建立法律协调机制来解决大气污染区域治理主体之间的权力运行问题。从宏观层面来看，大气污染区域治理法律协调机制的运行方式有两种。

一是纵向单领域协调。即参与大气污染区域治理的主体有很多，综合而言可以分为立法、执法和司法等领域，而每一领域都是一个相对独立的治理领域，权力运行的机理各不相同。就单一领域而言，其内部权力分配以及权力运行存在着特定构造，例如，在立法领域之内，各地方立法机关的立法权配置和立法权的运行方式有一定区别，而各自的特点也就决定了必须建立一定的法律协调机制来协调各地方立法机关在共同制定大气污染区域治理联合性规范时的权力分配和权力运行时的相互关系。此种在单一领域内法律协调机制的运行方式可以称为纵向单领域协调。

二是横向多领域协调。即将大气污染区域治理分为不同的领域，一般可以分为立法、司法和执法领域，而实践中对区域性大气污染的治理并非单一领域运行就可以完成，往往需要不同领域之内的权力主体相互配合、相互沟通才能够完成大气污染区域治理，因此，需要建立一种横向沟通协调机制，来协调立法、执法、司法等不同领域之内权力运行的状态。这种协调方式由于涉及多个领域，因而可以称为横向多领域协调方式。从大气污染区域治理法律协调机制的上述两种协调方式来看，所谓的法律协调一方面要协调统一领域之内的权力运行关系，另一方面还要协调不同领域之间的相互关系，反映到具体规范性文件之上，可以是以规定的方式来实现也可以是以区域内各行政主体签订协议的方式来实现，当然无论是哪种表现形式，在区域内对各权力主体都能够产生具有强制性的约束力，区域内的主体均应当遵守。

二、大气污染区域治理法律协调机制的基本内核

从法理学的角度来看，法律制度的结构性框架可以由立法、

执法和司法三个部分构成，因而对于大气污染区域治理法律协调机制而言，其具体内容包含了三个主要层面的机制，即立法协调机制、执法协调机制、司法协作机制，这三个机制构成大气污染区域治理法律协调机制的基础框架，并且这三个机制相互联系、相互配合，共同组成一个动态的法律调整系统。

1. 大气污染区域治理法律协调机制基本内核的内涵

从法哲学的角度来看，某一事物或者规则的基本内核即是组成该项事务或规则的核心要素，是其核心内容。[1] 作为一项法律制度而言，该项制度的基本内核就是组成该项制度的基本要素，同时也构成该项制度的基本框架。[2] 就大气污染区域治理的法律协调机制而言，其内容相当广泛。

从文义解释的角度上讲，大气污染区域治理的法律协调机制是一组能够协调区域内参与治理大气污染的主体之间法律关系的规则所组成的制度集合，这个制度集合汇聚了诸多关于协调地方各主体相互关系的规则。立法权、行政权和司法权这三权的划分将社会治理划分为三大板块，相互制约、相互配合、分别治理，从理论研究的角度来看，将社会管理划分为立法、行政和司法三大板块有利于对社会现象进行归类研究，而这样的学术分类方式在我国社会中也可以找到相对应的理论体系，即立法体系、行政执法体系和司法体系三大类。这三大体系是构成我国社会治理的三个不同的理论体系，并且每一体系都发挥着重要的作用。

2. 大气污染区域治理法律协调机制基本内核的构成

就大气污染区域治理而言，实际上也存在立法、行政执法与

---

[1] 安德瑞·马默. 法哲学［M］. 孙海波，王进，译. 北京：北京大学出版社，2014：164.

[2] 夏锦文. 法哲学关键词［M］. 南京：江苏人民出版社，2013：77.

司法三大领域分别治理的问题，相对应的是立法机关出台制度、政府机关负责实施、司法机关处理区域环境纠纷案件，即所谓的立法治理、行政治理、执法治理模式，三种治理区域大气污染的模式构成大气污染区域治理的主体框架。由于立法治理、行政治理、执法治理模式是三种不同的理论体系，也分属于三种不同的领域，于是就存在纵向与横向两类关系。

一是纵向关系。在纵向方面，立法治理、行政治理、执法治理三大模式自成体系，但是就大气污染区域治理而言，每一体系要独立发挥作用都需要有一种程序化、制度化的法律机制来加以协调，才能够使该种独立的治理模式发挥效用。二是横向关系。在横向方面，立法治理、行政治理、执法治理三大治理模式之间也存在着制度相互衔接、权力相互交界的现象，也需要用一种常态化、规范化的法律机制来协调三者之间的关系，这三大治理模式才能够整体发挥作用。

从这两个层次来看，都需要建立一种法律协调机制来协调纵横之间的关系，这就是大气污染区域治理法律协调机制产生的现实机理。因此，可以看出大气污染区域治理法律协调机制是协调立法治理、行政治理、司法治理三大治理模式之间关系的法律制度，具体而言，大气污染区域治理法律协调机制包含三大基本框架：对立法权力运行的协调、对执法权力运行的协调、对司法权力运行的协调，即立法协调机制、执法协调机制和司法协作机制，此三大基本框架构成大气污染区域治理法律协调机制的基本内核。

3. 大气污染区域治理法律协调机制基本内核的特点

立法协调机制、执法协调机制和司法协作机制三个组成部分构成大气污染区域治理法律协调机制的基本内核，此三个法律机制具有如下特点。

一是符合社会运行规律。大气污染区域治理法律协调机制内部的三大机制划分具有一定的科学性，首先是该种划分方式符合社会运行规律。在环境治理领域内，社会运行规律本身就是人与自然相互协调的一个过程，从抽象层面来看，这个过程是环境伦理所关注的对象，所谓的环境伦理，就是人类的道德规范使用到生态环境关系之上的一种社会性观念。❶ 既然环境伦理属于社会性观念，那么其必然具有社会规律的一般属性，即环境伦理学普遍认为，所谓的环境污染事件，其实是人类自身未能将道德规范很好地适用于人与自然关系之上的一种不利后果。❷ 要制止环境污染现象，其前提必然是要约束人类社会自身的生产行为，而当前社会中，人类行为的种类是庞杂的，但是国家对社会行为的管理却不可能总是采用“特事特办”的方式，必然会采用分类管理的方式，这样才能够提升社会管理的效率，因此对环境问题的治理也应当采取分类治理的模式，即不同领域内的管理部门对环境污染问题给予不同的治理方式。从这样的逻辑来看，将大气污染区域治理划分为立法领域的治理、行政执法领域的治理和司法领域的治理，是符合社会发展规律的，也是符合环境伦理的。

二是符合经济发展规律。纵观社会发展的过程，其实就是经济发展的过程，❸ 其中包含各自经济形式的发展。在社会经济发展的过程中，不仅会带来人民生活由贫穷到富有的社会福利变化，

❶ 左玉辉，华新，柏益尧，等. 环境学原理［M］. 北京：科学出版社，2010：252.

❷ 滨川圭弘，西川袆一，辻毅一郎. 能源环境学［M］. 郭成言，译. 北京：科学出版社，2003：154.

❸ A. P. 瑟尔沃. 发展经济学［M］. 9版，郭熙保，崔文俊，译. 北京：中国人民大学出版社，2015：83.

使人类社会从经济发展的过程中体验到正外部性带来的福利，同时随着经济的发展也会受到环境损害这样的负外部性的影响，给人们的生活带来烦恼。[1] 而随着经济的发展，社会分工也出现了变化，演化出若干社会领域，例如，立法领域负责对社会规则的制定，行政执法领域负责管理社会秩序，司法领域则负责维护规则的实施，如此的领域分工是在社会经济发展进化到一定程度之后的产物，这是社会经济发展的必然选择。对于大气污染区域治理的法律协调机制而言，将协调机制的核心内容设定为立法协调机制、执法协调机制和司法协作机制三个组成部分，则反映出社会经济发展后社会分工的种类划分，即此三种机制是经济发展的必然产物，同时也是社会运行的必然结果，因此大气污染区域治理法律协调机制划分为立法协调机制、执法协调机制和司法协作机制三大机制符合经济发展规律。

三是符合法律运行规律。法律运行有其自身的内在规律，根据法理学的基本理论，法律运行的环节包含了立法、执法、司法三个方面，此三个方面是对国家立法权、行政权、司法权的权力划分，体现了法律运行的基本表现，因此，大气污染区域治理法律协调机制划分为立法协调机制、执法协调机制和司法协作机制三大机制也符合法律运行的基本规律。

三、大气污染区域治理法律协调三大机制的关系

1. 大气污染区域治理法律协调三大机制的纵向关系

大气污染区域治理法律协调机制的内部框架主要由立法协调

---

[1] 速水佑次郎. 发展经济学：从贫困到富裕 [M]. 李周，译. 北京：社会科学文献出版社，2003：162.

机制、执法协调机制和司法协作机制三大法律机制构成，此三项法律机制每一机制都自成体系，都是一个独立运行的系统，各自有独立调整内容，立法协调机制解决的是区域内立法机关如何协调制定统一的规范性文件的问题，执法协调机制解决的是区域内各行政执法主体相互配合共同进行环境执法的问题，而司法协作机制解决的是区域内不同的司法机关关于管辖权、审判程序等司法权如何运行的问题。当然，大气污染区域治理法律协调机制内部的这三项法律机制在运行层面存在三种方式。

一是独立运行。所谓独立运行，就是立法协调机制、执法协调机制和司法协作机制这三项机制每一项都按照自己的运行系统和运行规则运行，关于立法问题，需要协调时由立法协调机制加以协调，遇到行政执法问题需要协调时则由执法协调机制加以协调，而遇到跨区司法纠纷需要配置司法权之间的关系时则由司法协作机制加以协调，这种按照自身系统独立运行的协调方式是大气污染区域治理法律协调过程中的一种最为常见的协调方式。二是整体运行。整体运行就是由区域内的主体共同制定或者是上级机关单独制定一个综合性的文件，其中包含了关于立法协调、行政执法配合、司法协助等内容，作为区域内各主体在处理相关事务时的依据，此种方式可以成为整体运行的方式。三是综合运行。就是既有单独运行方式又有整体运行方式，此种方式将会是大气污染区域治理法律协调机制运行的一种常态化模式。

2. 大气污染区域治理法律协调三大机制的横向关系

大气污染区域治理法律协调机制的内部由立法协调机制、执法协调机制和司法协作机制三项法律机制共同组成，这三项机制之间存在着横向关系，主要体现在以下几个方面。

一是目标的同向性。目标的同向性是指大气污染区域治理法律协调机制内部的三项法律机制之间制度运行的目标是同方向的。首先，从宏观目标来看，无论是立法协调机制、执法协调机制还是司法协作机制，其宏观运行目标都是使区域大气污染得到有效治理，最终使区域大气环境生态得以恢复。其次，从微观目标来看，无论是立法协调机制、执法协调机制还是司法协作机制，其运行的最直观的目的就是使区域之间的各国家权力主体的职权能够实现权利资源的合理配置，而形成一种良性互动、共同协作的状态，而这种状态的形成都依赖协调机制本身的运作，因而这三种法律协调机制的微观目标也是相同的。从上述两个层面来看，立法协调机制、执法协调机制、司法协作机制三者之间的运行目标具有共向性。

二是内容的指引性。内容的指引性是指在规范内容方面存在指引关系，这是指立法协调机制通过协调区域内立法机关的相互配合关系，从而建立统一性的区域联合性地方规范性文件，当该文件生效之后，在区域内，该项文件对各行政主体的执法行为以及各司法机关的审判行为都会发生作用，该种作用在法理学中可以称为指导或者指引作用，即区域内的政府部门在进行大气污染环境执法的过程中以及区域内各司法机关进行环境司法审判活动过程中，都要受区域内联合性地方统一规范的指引，以区域联合性地方统一规范为依据，这样才能够使各地方的行政权与司法权之间的权利资源得到有效配置，从而提升权力运行效率。因此，在内容上，立法协调机制的内容可以为执法协调机制和司法协作机制提供指引。

三是方法的一致性。法律协调机制的运行方法其实就是将区域内各参与主体聚合在一起，就资源共享、利益分配等设计权力运行的相关问题进行协调，使区域内各主体的权利运行状态达到秩序井然的效果。从这一点来看，无论是立法协调机制、执法协调机制还是司法协作机制，从调整方法上看，所用的方法都是一致的，都可以最终达到和谐共治的目的。因此，在调整方法上具有一致性。

四是结果的互动性。从调整结果来看，立法协调机制的调整可以使区域内的各立法机关就区域内大气污染治理的问题达成一致意见，最终形成区域内统一的规范性文件，这一结果可以对区域内大气污染行政执法以及大气污染跨区环境纠纷的司法解决都起到积极的推动作用。相应地，区域内大气污染治理行政执法协调机制与司法协作机制的运行也会产生诸多的实际问题，这样的问题除了要运用行政执法协调机制与司法协作机制自身的体系化途径加以解决之外，还需要运用到区域统一性规范文件这样的系统外规则加以解决，当然尽管如此，还是存在一些事项是用现行法律协调机制下的规则无法全面解决的，这样就又产生新的一轮立法协调，即由区域内的各立法机关联合在一起就新出现的情况制定新的统一规范性文件来加以调整。从这一角度来看，大气污染区域治理行政执法协调机制与司法协作机制的运行结果又会促进立法协调机制的运行，形成新的区域统一规范性文件，因此，存在结果上的相互促进，这种相互促进的作用可以看成是一种互动性。

综上所述，大气污染区域治理法律协调机制内部的立法协调机制、执法协调机制和司法协作机制三项法律机制横向之间存在相互联系、相互配合的关系，三者结合在一起构成了大气污染区域治理法律协调机制的整体框架，也组成了一个运行良好的法律调整系统。

3. 大气污染区域治理法律协调三大机制规范作用的共同指向

立法协调机制、执法协调机制和司法协作机制作为大气污染区域治理法律协调机制内部的三大机制对于大气污染区域治理而言所发挥的功能是不一样的，但是三大机制所发挥的规范作用却具有共同的指向性，主要表现在以下几个方面。

一是促进技术的实施。从技术层面来讲，大气污染区域治理需要有技术因素的介入，而且最终治理大气污染的具体措施也必然会落实到技术层面，然而技术的实施不能离开制度而独立存在，否则仅仅依靠科学技术来治理大气污染不能形成社会规范性制度，那么这种治理也仅仅是“蜻蜓点水”式的治理，并不能产生规模化的效用，最终不可能实现区域内彻底消除污染的目的。[1] 因而，技术的实施需要依靠法律制度来加以保障。从这一角度来看，大气污染区域治理法律协调机制的建立对于技术的实施能够起到很好的促进作用。首先，区域立法的实施，可以对区域内实施大气污染治理的先进技术给予区域立法上的保护，即在区域内建立制度，共同保护先进治理技术的实施，并且为技术的实施制定保护性或者优惠性政策，使大气污染治理技术能够得到推广。其次，区域执法的实施。即政府对于大气污染治理技术的实施具有监管职能，在管理的过程中，政府可以主动为大气污染治理技术的实施开辟条件、创造实施环境，也能够使大气污染治理技术能够得到推广。最后，区域司法的实施。司法是保障纠纷的最后一道防线，在大气污染治理区域内，由于大气污染治理技术的实施发生纠纷是不可避免的，区域司法可以为这样的纠纷提供一个很好的解决通道，从而使利益得到公正的分配。由此，从上述几个方面来看，大气污染区域治理的立法协调机制、执法协调机制和司法协作机制的建立有利于大气污染技术的实施。

---

[1] 柏益尧，孙平，华新，等. 五律协同原理［M］. 北京：科学出版社，2010：33.

二是促进经济均衡发展。大气污染是环境问题的一种现象，从根本上看，这种环境现象具有负外部性，是经济发展的产物，进一步来讲，是产业经济结构性布局不合理原因所导致的产物。[1]所以治理大气污染的一个根本路径就是要对产业结构进行结构性调整，淘汰老旧产能，发展绿色产业。尤其是在大气污染治理区域内，各不同行政辖区内的产业发展情况大不相同，要实施区域大气污染共同治理，必然要对各地的经济发展状况作出相应的协调，这种协调可以是立法上的协调，即通过区域立法的形式来协调地方产业结构的布局；也可以通过区域行政执法的方式来协调地方产业发展过程中的一些不规范的现象；还可以通过区域司法的方式来协调区域内产业经济发展过程中出现的侵权损害问题。因此，立法协调机制、执法协调机制和司法协作机制的建立有利于促进经济均衡发展。

三是产生社会引导。对于大气污染区域治理而言，不仅需要“专项行动”式的联合执法、联合司法等活动，国家还需要一种制度的、规范化、稳定化的社会规则来规范区域内参与大气污染治理的主体的行为，毋庸置疑，立法协调机制、执法协调机制和司法协作机制的建立能够对区域内的各参与主体产生一定的约束作用，形成正向的社会导向，引导治理主体为了区域整体的环境利益而作出正确的、有益的治理行为，因此，三大机制的建立对于区域大气污染治理而言，能够产生积极的社会引导作用。从上述几个层面来看，大气污染区域治理法律协调机制内部的立法协调机制、执法协调机制和司法协作机制的建立，从规范作用上讲，具有共同的指向性。

---

[1] 刘清，招国栋，赵由才. 大气污染防治：共事一片蓝天［M］. 北京：冶金工业出版社，2012：109.

CHAPTER 04 >> 第四章

大气污染区域治理立法协调机制

统一的市场体系的形成与有效运作需要和谐的法制环境作为保障，区域化的发展要求区域内建立立法协调机制，将区域政府间的合作与协调机制体系化、制度化，这是区域立法协调机制存在的基础。

一、大气污染区域治理立法协调机制的界定

1. 立法协调机制的含义与种类

"协调"一词是形容和谐、无冲突的有序状态，从其包含的动态意义上讲，"协调"又是为了达到和谐、无冲突的状态所进行的活动。按照立法目的，立法协调分为立法内部协调与外部协调两种。立法内部协调是指一个国家或地区的法律体系呈现和谐、无冲突的状态；[1] 立法外部协调是指法律与除法律之

---

[1] 陈光. 我国区域立法协调机制研究 [D]. 济南：山东大学，2011：85.

外的一切事物之间所呈现的和谐、无冲突的状态。立法协调的内容非常丰富，既包括立法活动的协调，也包括立法结果与社会实践的协调等。

首先，立法协调出现在立法活动的每一个阶段，与立法活动密切相关的是主体、内容和程序这三个因素。以立法主体为例，立法主体按其有权参与的立法程序又分为提案主体、审议主体、表决主体等。《中华人民共和国立法法》（以下简称《立法法》）（2015 年修正）第 15 条规定，一个代表团或 30 名以上的代表联名，可以向全国人民代表大会提出法律案，由主席团决定是否列入会议议程。❶《立法法》的这一规定展示了立法协调的功能，全国人大代表和全国人大主席团虽然都享有提案权，但是权力范围却不同，即主席团有决定提案是否可以被列入会议议程的权力，这一权力的设置就是立法协调的结果。

其次，立法协调还体现于体系性协调，即立法结果与立法体系的协调。体系性协调还分为对立法结果的内部、纵向或横向的协调。❷ 内部协调是对立法结果的立法技术方面的要求，即语言、逻辑、形式、体例上都能达到协调的状态；纵向调整是对立法结果在法律位阶方面的要求，即立法主体的立法行为、立法内容的设定上皆符合等级要求；横向协调是指在效力位阶上不存在上下差异的法律规范文件之间的无冲突的状态。例如，一个法律现象或事物在不同的法律规范中所使用的法律术语不

---

❶ 《立法法》（2015 年修正）第 15 条第 1 款规定，“一个代表团或者三十名以上的代表联名，可以向全国人民代表大会提出法律案，由主席团决定是否列入会议议程，或者先交有关的专门委员会审议、提出是否列入会议议程的意见，再决定是否列入会议议程。”

❷ 陈光．论建构环渤海区域立法协调机制的必要性［J］．大连海事大学学报：社会科学版，2010（3）：70.

得差异过大。[1]

最后，立法还要与社会发展的现状和社会发展需求相协调，这种协调也叫作现实性协调。现实性协调主要包括立法是否要与社会发展现状相协调的判断，以及立法与社会发展相协调的方法选择问题。随着社会发展的推进，新型的利益关系层出不穷，原本简单的利益关系也随着新事物的产生变得越发复杂。对此，立法要随之调整，并给予回应。

2. 区域立法协调机制的界定

区域立法的基本属性是协调性，也是使其功能得以发挥的重要基础。[2] 区域立法协调既可发生于区域内部又可发生于区域之间。区域立法协调是指为区域合作顺利开展并取得成效而进行的法律性协调活动，以及通过此协调活动而实现的立法协调状态。

区域立法协调的必要性有以下两个方面：一是理论必要性。从理论上讲，地方立法权分属于各省、直辖市的人大或者政府，而每一独立地方之间的立法权又是相对独立的，从理论上讲，各地方的管理事务都有各自的现实情况，不可能完全相同，因而地方立法应当是基于现实情况各有不同的。在这样的状态之下，每一地方立法权之间的外在表现不可能是完全一致的。这就是以往按照行政区域进行立法的通常状态。而随着社会经济的发展，相邻地区之间的经济相似度和依存性、互补性都比较高，区域经济成为市场经济的一个重要组成部分，而且会成为经济发展的新增长点。[3] 为适应经济

---

[1] 莱赫·莫拉夫斯基，田荔枝，张婷婷. 法律·事实·法律语言［J］. 法律方法，2013（1）：20.

[2] 陈光. 论我国区域立法协调的必要性与可行性［J］. 齐齐哈尔大学学报：哲学社会科学版，2009（5）：3.

[3] 安虎森，等. 新区域经济学［M］. 沈阳：东北财经大学出版社，2015：53.

的此种变化，应当建立区域立法的协调机制，来协调各地方立法权之间的关系，这样才能够很好地适应经济的发展。实践中最为典型的事例就是京津冀一体化发展，已经开始了区域协同立法的探索。

二是现实必要性。就现实而言，不仅仅是经济发展具有区域性的特点，从实践来看很多环境污染也具有区域性的特征，最为典型的就是区域间的大气污染，要在实践中治理这样的环境污染，就需要区域联合立法来加以解决，因而建立区域立法机制具有现实必要性。所以，区域立法协调的目的是在充分协调各立法主体关系的前提下，[1] 通过法制手段将共同利益或社会关系统一，以法律规则的形式来规范区域性立法文件的制定，从而实现区域性法律文件在制定和实施上的整体效益。其现实意义和现实必要性是毋庸讳言的。

区域立法协调是贯穿整个立法过程的系统机制。它既包括立法之前的通过协商与沟通达成的立法协调共识也包括立法后的冲突解决机制。

从协调理论出发，区域立法协调主要就三方面内容进行协调：一是对区域立法主体之间关系的协调。在区域立法过程中，各区域立法主体就共同利益进行共同管理的模式选择，以及就如何协调立法内容、立法程序、立法效果而进行的协商与合作。这也是区域立法协调的内涵。二是对区域性法律文件效力等级上的协调。主要回答如何确定区域性法律文件的法律效力或位阶等级，应当以什么样的法律形式存在等问题，但区域立法协调的根本原则是协调的过程与结果都必须以区域性法律文件在效力上与现行的中

[1] 丁国卿．我国区域立法协调问题研究［D］．厦门：厦门大学，2009：36．

央立法和地方立法体系无冲突为前提。三是对区域性法律文件实施效果的协调。区域性法律文件的实施效果应当以对区域发展的进度、方向等社会因素评价结果为衡量标准。即区域性法律文件与社会发展的协调，如对区域环境的改善程度、公共服务实施的效果等。

3. 大气污染区域治理立法协调机制建立的可行性

区域立法协调机制在大气污染区域治理领域内的应用的主要目的是协调各地立法机关之间的关系，使立法资源能够合理地分配到所调整的法律关系之中，而就目前经济运行现状以及环境发展状况还有我国法律发展的现状而言，建立大气污染区域立法协调机制的可行性已经具备。主要体现在以下几个方面。

一是立法技术方面具备可行性。单就立法技术来讲，我国的立法在 20 世纪 80 年代处于起步阶段，立法技术尚不成熟，进入 90 年代后，立法技术呈现迅速发展状态，尤其是进入 2000 年后，我国的立法数量大幅攀升，立法技术也日渐成熟，很多制度被立法机关采用并作为立法过程中的主要制度加以运行，例如，信息公开制度、公众参与制度等。[1] 这些制度从一个侧面反映出我国的立法技术在逐渐走向成熟。而就地方立法而言，各省、直辖市和自治区也都有自己所辖范围内的地方立法，并且地方立法的数量在最近几年也在大幅攀升，这也充分地说明了地方政府在管理地方事务时已逐渐趋向成熟。因此，就目前现有立法技术而言，建立区域大气污染治理立法协调机制并不困难。

二是立法资源调配方面具备可行性。区域大气污染治理立法

---

[1] 任尔昕. 地方立法质量跟踪评估制度研究［M］. 北京：北京大学出版社，2011：87.

协调机制的核心问题是要解决地方立法权在运行过程中相互配合、相互支持的问题，最终目标是要解决区域地方立法如何为区域服务的问题，[1] 从经济学的视角来看，就是立法资源如何合理地分配到每一参与立法的主体之上，使区域内权力资源的分配能够做到合理、公正。而就目前我国的地方立法而言，立法机关的实力不容小觑，常常有地方立法机关制定出在全国范围之内较为先进的地方规范性文件，可见地方立法资源是充沛的。既然有立法资源，那么调配使用这些立法资源就具备了现实性，即将多个地方立法机关汇聚在一起，共同研究立法方案、立法措施，是具备可行性的。因而，建立大气污染治理区域立法协调机制就立法资源调配而言，具备可行性。

三是实践经验积累方面具备可行性。对于区域立法协调，不仅仅是停留在理论上的一种探讨，在实践中无论是国外的立法经验还是我国的立法经验，这些积累都可以为大气污染治理区域立法协调机制的建立提供实践基础。从区域大气污染治理立法协调经验上来看，有些国家在大气污染区域治理上的立法协调实践上已经取得一定成果，形成了一些较成熟的治理模式。如美国的州际协定、欧盟的磋商机制等。这些成果为区域立法协调机制的完善及大气污染区域治理的进展奠定了良好的基础。虽然我国在大气污染区域治理立法协调的研究和实践起步较晚，但从目前立法者对此的关注程度以及大气污染区域治理发展方向上来看，一些地方已经开展了通过协议方式来进行区域共同治理的实践，最为典型的就是京津冀一体化后在这一区域内的环境治理，再如以苏

---

[1] 覃福晓，等. 立法过程中的利益表达与整合机制研究［M］. 北京：中国民主法制出版社，2011：132.

州为核心的城市群之间进行的循环经济发展构架等，[1] 这些经验对于建立大气污染治理区域立法协调机制而言，都能够起到推进作用。从以上几个层面来看，建立大气污染治理区域立法协调机制具备可行性。

二、美国与欧盟大气污染区域治理立法协调机制的经验借鉴

20 世纪中期西方发达国家多次爆发了造成严重损害的大气污染事件，经过长期与污染的对抗，这些国家逐渐意识到建立针对大气污染特征的法律调控机制的重要性。其中，以美国与欧盟为代表的发达国家和地区在实践中积累了丰富的经验与成果，逐渐形成了各自特色的区域治理立法协调机制，这些立法机制在治理本国和本地区区域大气污染方面发挥了重要的作用，值得我们借鉴学习。

1. 美国大气污染区域治理中的立法协调

美国立法协调模式主要是州际协定和地方政府区域合作，无论采用哪种模式，在区域经济发展和对区域社会管理方面都颇有成效。在区域管理过程中联邦立法机构或联邦政府都发挥着决定性的主导作用。在美国，区域之间的合作与协调直接决定着社会整体发展的步伐。区域合作、区域协调行动的推进受到了各地区的肯定与欢迎，协调机制在长期发展中形成了自己的风格与特色。美国的立法协调机制在治理区域大气污染的实践中最具有代表性的是州际协定和州内地方政府合作，二者互相配合。

由于美国地方政府结构具有复杂性，结合本书研究范围，本

---

[1] 陈允利．区域循环经济发展理论与苏州实践［M］．北京：科学出版社，2011：8.

书主要从美国政府的区域性协调合作及其相关有效运行的机制进行分析，着重关注两项制度。

一是州际协定。美国的州际协定产生的时间较晚，由于美国原来是英国的殖民地，所以与英国的渊源深厚，在州际协定方面原来须经过英国王室，由英国女王颁发特许状加以实施。直至《美国联邦条约》通过之后，才在法律上确立了州际协定制度的法律地位，[1] 并给予了明确性的程序规定。随着社会发展的推进，州际协定在不抵触宪法的前提下被广泛采用。并且如果州际协定所涉及的内容关乎教育等涉及“州权”优先的事项时，这种协定甚至可越过国会立即生效。有学者按照州际协议所包含的主要内容将其分为四种类型：即州际发展协议、州际边界协议、州际规制协议和州际再分配协议。目前，这些类型的州际协议涵盖社会发展的方方面面，其领域包括基础设施建设、自然资源管理、区域环境污染治理、区域经济发展及突发事件应急管理等。作为一种政府合作形式，州际协议已然成为各州之间进行区域协调与合作的一个重要方式。对于州际争端，联邦条约将最终的裁决权授予了美国国会，《美国宪法》第1条中就有不经过国会许可，州与州之间不得缔约的规定，由此可见国会的权力既在于解决州际争端也在于防止州际协定的滥用。[2]

二是地方政府区域合作。美国是一个地方政府众多的国家，虽然美国州政府可以依法设定地方政府，并制定实施于地方政府的法律规章，授予地方政府权力，但是地方政府依然享有很大的独立发展空间。地方政府在权限上享有制定规则、决策以及管理

---

[1] 谢伟. 美国清洁空气法若干问题研究 [M]. 厦门：厦门大学出版社，2015：11.

[2] 何渊. 美国的区域法制协调：从州际协定到行政协议的制度变迁 [J]. 环球法律评论，2009 (6)：91.

公务的权力，在政府职能上享有政府的基本职能与自治权。地方政府基于这样的权能在发展中经常进行合作，形成了众多的“都市区”。这些都市区往往基于不同类型的地方政府而建立，构成了“城市群”，在社会发展、资源配置、市场运行中形成密切的合作，大多数州宪法或法律对这种基于发展需要的地方政府之间的合作都是持支持态度的。地方政府区域合作是区域一体化的重要推动力，在区域合作中地方政府往往建立有助于合作的协调机制，如合作协议、区域规划和建立特别区等。通过分析可以看出，目前美国在区域立法协调方面经验较为成熟，可以为我国区域立法提供一些可参考的作法。

美国在其特有的区域立法协调体制框架下对大气环境治理与监管方面实施许多法律措施。立法机关和政府授权组织在区域内建立了空气质量管理区，这些管理区大多以州为单位，州级环保机构与环保局可以不必经过联邦环保机构的管制而独立从事环保活动，依照所在州的法律履行职责或与联邦环保局进行合作，较有代表性的是加利福尼亚州（以下简称加州）南海岸空气质量管理区。

在美国大气污染治理区域立法的协调机制主要采取两种模式：一是州内大气环境区域治理。美国加州自“二战”之后迎来了经济高速发展期，经济的发展带动着人口的增加与工业化程度的提高。工业与人们生活大量排放的废气使加州地区的空气质量逐渐恶化，呈现大气污染日渐严重的态势，这种环境状况引起了州政府的高度重视。为了有效地控制区域性的大气污染，加州政府采取了一种区域管理模式，即在州内设立 13 个空气质量管理区，使面积广阔的加州分成几部分，并通过区域之间的合作来共同应对区域大气污染问题。此外，在 1976 年南海岸空气质量管理区作为个区域性管理机构美国南海岸空气质量管理局（SCAQMD）在加州政府的组织下成立。除交通工具等流动污染源直接由州政府进行管理外，固定大气污染源和一部分流动污染源皆由美国南海岸空气质量管理局进行管理。管理区内设有包括立法、执法在内的多个管理监测部门。立法部门以三年为时间段，制订和编制大气质量管理计划，计划内容涉及治理大气污染的目标、措施、标准等事项，之后再以大气质量管理计划为准设计、制定针对治理各种大气污染源的具体性管理规则；管理区执法部门负责涉及许可证颁发审核的相关事宜，并享有对企事业单位在环保方面项目进展情况的监察权，以及对违规者的处罚权；监测部门负责大气质量的监测分析。此外，管理区也做一些环保新技术的推广工作。管理区除了做一些环保技术研发以外还委任代理机构借助市场对企业采取激励、颁发许可证、实施商业援助等手段来推动大气环境的保护。美国南海岸空气质量管理局还负担一项重要的职责，那就是加强与地方政府和其他社会环保团体的跨界合作，共同制订和实施合作项目计划。美国南海岸空气质量管理局在为南加州地区的空气质量改善上起了很积极的作用，这种区域大气环境管理模式在美国一直沿用至今，成为区域大气污染区域治理的成功范例。

二是州之间大气环境区域治理。20 世纪中叶，美国东北部地区的臭氧污染非常严重，经科学家研究显示，臭氧污染与光化学烟雾皆呈现区域性特征，其有毒物质可远距离传输，这说明臭氧问题的有效解决需要借助区域间的合作。借鉴加州区域治理的成功经验，美国东北部于 1990 年成立了臭氧传输协会（OTC）。[1] 其

---

[1] 在《美国清洁空气法》修正案批准之后，缅因州、弗吉尼亚州与哥伦比亚区联合建立了“臭氧传输协会”来负责美国东北部 11 个州和华盛顿特区的臭氧运输工作和规划推动氮氧化物抵换交易制度。[EB/OL].［2014－12－30］. http: // www. goootech. com/topics/72010342/detail－10250684. html.

组成人员包括各州代表以及环保局成员等，臭氧传输协会具有为当地政府向国家环境保护局传递建议的职能，国家环境保护局无论同意与否必须给出回应或建议。此外，臭氧传输协会还负责组织并参与大气污染的科学研究活动并为国家环境保护局提供指定臭氧控制计划和相关环境决策的参考成果。在协调机制上，臭氧传输协会还通过签署理解备忘录等形式促成内部成员州之间或与其他州之间的合作，协调区域内对污染源的控制。在臭氧传输协会又建立了臭氧传输评估组织，该组织在 1998 年制订了针对近地面臭氧区域传输的治理计划。[1] 1997—2004 年，美国东部地区氮氧化物的排放量削减了 25%，臭氧削减量与 2000 年相比也增加了一倍多。

2. 欧盟大气污染区域治理中的立法协调

在欧盟，各个主权国有独立的立法权，但是在欧盟范围之内，各国对《欧盟宪法条约》都持尊重态度，这样该条约的出现就将欧盟各国紧密地连接在一起，形成了欧盟一体化发展的格局。在这样的大背景之下，欧盟的区域立法是比较有特色的，在欧盟范围内关于共同立法主要形成了三大机制。

（1）职权界定机制。欧盟的立法权是以各成员国的权力让渡为前提条件的，这种立法首先要解决的就是协调欧盟与各成员国的立法权分配问题。成员国之间通过签订条约形成了欧盟的基本法，这也是成员国授权欧盟立法权的主要方式。根据辅助原则与比例适度原则，欧洲议会享有参与立法权、监督权以及批准预算的权力；欧盟委员会享有立法权和提交权，它是欧盟唯一有权起

---

[1] 该计划的实施范围包括美国东部 22 个州和哥伦比亚地区，后来还纳入了加拿大东部各省，明确要求在考虑区域影响的基础上控制臭氧污染。[EB/OL]. [2015－06－30]. http://www.goootech.com/topics/72010342/detail－10250684.html.

草法令的机构；欧盟部长理事会是欧盟重要的决策机构之一，其中经济社会委员会和区域委员会，两个委员会的组成成员来自不同的社会群体，各自担任着不同群体的利益代表，有权对欧盟委员会的立法内容提建议。概括来说，欧盟的立法协调机制采取了咨询、合作、决策为一体的协调机制，此外，欧盟在立法协调过程中还加入了法院裁决机制，法院裁决机制的参与在解决欧盟立法冲突的过程中发挥着举足轻重的作用。[1]

（2）磋商机制。磋商机制建立的目的是协调欧洲议会、欧洲委员会等决策机构在立法时的不一致意见，目前是欧盟确立共同立场，促进共同发展的重要的协调机制。所谓磋商机制，是指欧盟各参与立法的机构在立法草案被提出后，就草案相关事项存在的分歧，各参与方进行协调、商议的一种机制。在磋商过程中各机构及其人员可以在立法不同环节和程序中提出意见，经过一系列沟通协商最终消除分歧。在咨询程序中，欧洲议会会对欧盟委员会递交的立法议案进行表决，若否定态度居多欧洲议会有权撤回该草案或提出相应的修正意见。若欧洲议会提出的修正意见被反对或拒绝，欧洲议会会要求议案负责部门对该修正意见继续讨论，在此过程中将组织各方进行协商形成新的修正意见。此外，磋商机制还运用在机构内部的立法过程中。欧盟是由多个不同国家组成的区域合作组织，每个立法机构都来自不同的利益群体，因此立法议案从起草、咨询到表决、通过每一步都离不开各机构内部的相互协调与磋商，最终才能达成一致，其步骤可以分为三步：首先，是各委员会举行例会进行协商，力求在一般条款上达成合意，缩小分歧。其次，是委员会主席办公室专家主持会议，

---

[1] 环境保护编辑部．国外大气污染的区域协调机制［J］．环境保护，2010（9）：27.

就某一提案进行论证性磋商，并争取将提案的修改控制在符合委员会整体政策框架之下。最后，再由其他不同办公室人员交换意见。可以看出，经过一整套协调机制的运行对各方都给予了充分的商议机会，避免了议案提出后遭到欧洲议会等部门强烈反对，提高了议案的通过率。

（3）公众参与机制。公众参与机制在欧盟立法协调中发挥着重要的作用。欧盟成员国的公民通过公众参与机制参与欧盟立法，可以使立法最大限度的反映人民的需求，给予公众一个表达诉求的开放平台。公众参与机制协调了具有不同利益关系的公众又为冲突主体提供了公平协商、博弈、沟通的机会，进而使立法有着深厚的民众基础，可以被公众广泛接受和支持。欧盟的公众参与机制按照形式分为直接与间接两种类型。直接参与形式包括游行、参与民意调查、集会等形式，其中比较带有特色的公众参与是全民公决方式，选民就某项立法直接投票。此外，公众也可以间接参与立法，即公民通过一些类型的组织、协会、团体对立法施加影响，一般采取宣传形式来表达对立法的意愿。

欧盟的区域立法协调机制相对而言比较成熟，这是由欧盟特殊的政治、地理环境造成的，但其对于区域大气污染的治理历史与美国相比无论是时间还是经验方面都稍显逊色，其通过区域立法协调来进行大气污染区域治理的方式主要归纳为以下两种方式：

（1）签署国际条约。由于欧盟成员国都是具有主权的国家，而对于欧盟区域内的大气污染治理，在很大程度上是通过签署或参加国际条约来实施。当然，这种签署国际条约的形式并非在欧盟成立之后才实施的，早在欧盟成立之前，欧洲就已经有了通过签署条约来解决区域内大气污染的相关立法实践，这些实践至今仍然被认为是一种优秀的经验而被传承。[1] 例如，联合国欧洲委员会在 1979 年联合欧洲各主权国家共同制定的《长距离越界空气污染公约》（CLRTAP）[2] 就是第一个为了解决空气污染问题而制订的国际合作公约，该公约鼓励并建议缔约国就大气环境管理的技术研发、政策制定、环境评估等方面开展合作。继 CLRTAP 之后，欧洲又制订了一些有关减排的协议。[3] 例如，1988 年的索非亚协议是有关氮氧化物减排的里程碑式的协议，该协议要求签署国在 1994 年前既不能提高氮氧化物的排放还要对引入控制标准及污染治理设施作出承诺，这对当时的欧洲来说是非常超前的。另一个具有里程碑式的协议是 1991 年的日内瓦协议，该协议要求签署国将挥发性有机化合物的排放量在 1988 年至 1999 年之间减少 30%。欧洲的这些减排协议最突出的共性是将平等与信任作为协议成立的基础性原则，以协调合作为主要方式，而对协议和政策的具体操作方式则不做过多约束，完全由各签署国自己来掌握，签署国会根据事前的承诺来履行共同治理的义务。

（2）制定欧盟指令。欧盟为了在成员国范围内实现对区域大气污染统一行动和规划，还制定了各种指令、条例等。[4] 当然这样的统一行动规划至少可以追溯到 20 世纪 70 年代，在欧洲，从 1973

---

[1] 让-克洛德·乐伟. 循环经济：迫在眉睫的生态问题［M］. 王吉会，范晓虹，译. 上海：上海科技教育出版社，2012：174.

[2] 1979 年 11 月在日内瓦召开了联合国欧洲经济委员会环境保护框架的部长级会议，在这次会议上制订了《长距离越界空气污染公约》，于 1983 年生效。

[3] 1985 年的赫尔辛基协议承诺，所有参与国要在 1993 年之前将其二氧化硫排放量降低 30%。1994 年奥斯陆协议承诺，参与国要进一步减少二氧化硫排放。最新的是 1999 年的哥德堡协议，旨在将欧洲 2010 年的二氧化硫排放再减少 63%，并且在氮氧化物、非甲烷挥发性有机化合物和氨气的减排方面，也规定了类似目标。

[4] 欧共体行动规划是指导欧盟各国在环境管理和环境事务方面进行统一行动的纲领，构成了欧盟实施区域环境治理的主体政治框架。

年以来共制定了六个行动规划，其中2001年的行动规划就是建立在成员国自愿的基础上达成的共同立场，其内容主要是围绕着空气质量实施计划制定了一些阶段性任务，没有关于可操作性的具体细则。制定关于环境质量方面的指令是目前欧盟区域大气污染治理的主要方式，成员国可以把指令要求的内容融入本国立法，来保证实现指令的要求。在职责分配上，欧洲委员会是主要的管理机构，有权就直接违反大气污染防治指令的任何行为发表意见或进行强制性调查，并有权对该违反指令行为提出警告或起诉。欧洲法院有权受理和裁决涉及大气污染防治管理的纠纷。而欧洲环境局的主要任务是对有关大气质量的情况进行监测，并对有关欧洲大气污染或污染源的监测结果进行公布，建立和更新相关数据库，确保公众及成员国及时得到有关大气环境质量的相关信息，为欧洲共同体和成员国采取正确的防治措施提供重要的信息参考。可以看到，欧盟指令对欧共体的区域大气污染防控还是具有强制作用的。

3. 美国与欧盟的经验总结及对我国的借鉴意义

纵观美国和欧盟大气污染区域治理立法协调机制的具体做法，主要有以下不同之处：

一是参与协调的主体不同。从协调主体来看，美国的主要实施主体是州政府或者地方政府，即在地方具有行政管理职权的政府都可以成为大气污染区域治理立法协调机制的实施主体，都可以联合在一起出台关于治理大气环境的法令。而在欧盟范围内，大气污染区域治理立法协调的主体则是各个成员国，当然绝大多数的情况下限于主权国家。二者的区别在于主体的自主权限不同，相对而言，欧盟成员国在共同出台一项协定时，各国的自主范围较大，可选择的机会也较大。但缺点也是较为明显的，即欧盟范围内的共同立法往往会由于参加国很难在短期内达成一致意向，因而效率较低。[1] 而美国属于一个讲效率的国家，所以其立法协调机制的运行效率相对于欧盟而言，还是比较高的。

二是协调的方式不同。从协调方式上看，美国采取立法加协定的方式加以协调，由于美国是一个国家，其各州政府和地方政府都是在美国政府之下运行的政府机构，而国家立法对各州都具有约束力，因而通过立法的方式可以将各州政府和地方政府立法协作的事项加以规定。而另一方面，美国还可以由州政府之间达成州际协定，由各州政府之间相互谈判加以确定。而欧盟则是通过主权国家之间的协商来完成的区域立法，不存在一个像《欧盟宪法》那样的强制法令，虽然在欧盟存在发出指令的现象，但毕竟是针对具体事项而为的，并非针对立法协调过程的一般性的法律规定。从这方面来看，欧盟大气污染区域治理立法协调机制的效率尚有不足，很难与美国相比。

三是立法的效果范围不同。就适用范围而言，美国是在全国或者是州与州之间适用，而欧盟的大气污染区域治理立法协调机制的适用范围更为广泛，不仅包含主权国家，而且还包含非政府组织。从这一方面来看，欧盟的大气污染区域治理立法协调机制的适用范围略广于美国。

当然，美国与欧盟在大气污染区域治理立法协调机制方面不仅仅有区别，同时也有相似之处，主要体现在以下几个方面：一是从主体的范围上看，美国与欧盟的大气污染区域治理立法协调

---

[1] 穆纳辛哈，斯沃特．气候变化与可持续发展入门教程［M］．徐影，马世铭，郭彩丽，等译．北京：气象出版社，2013：96.

机制的参与主体都是具有立法权的主体，无论是国家还是州政府或者地方政府，都具有立法权。二是从立法协调机制运行的结果来看，都能够在一定程度上实现大气污染区域治理。从以上分析得出，受主权、地域等因素影响，美国与欧盟在大气污染区域治理立法协调机制方面做法是有所不同的，但是殊途同归，对于治理区域大气污染而言效果是显著的。

就治理区域大气污染这一任务而言，我们可以从美国和欧盟那里学到很多经验，尤其是区域大气污染治理的立法协调，其中可以借鉴的内容还是比较多的，主要可以从以下几个层面加以借鉴。

一是机制的建立层面。美国与欧盟的经验给我国的启示是要治理区域性大气污染就应当以区域性立法的模式来加以借鉴，同时区域性立法协调机制的建立也可以采用两种模式：一种是国家立法层面的协调，最为典型的就是国家已将京津冀一体化作为京津冀发展的重大战略布局来对待，京津冀区域在进行区域立法协调的过程中完全可以通过国家立法层面来加以协调。而另一种是以通过地方立法机关之间达成相互协议的方式来建立立法协调机制。无论采取这两种方式的哪一种，最终效果都是使大气污染区域防治的立法得到顺畅的运行。

二是机制的运行层面。从区域立法协调机制的运行层面来看，我们也可以从美国与欧盟的经验中获得借鉴，无论是美国和欧盟，在区域立法协调机制运行的过程中都会采取强制机制和协商机制两种运行模式，这样的运行方式比较适合我国的基本国情，可以在国家协调的层面采取强制的模式，而在地方立法协调过程中可以采取协商的方式来协调区域内立法主体之间的关系，以达到尽快达成一致意见的目的。

三是机制的效率层面。从效率层面来看，美国与欧盟在大气污染区域治理立法协调机制的运行效率有所不同，原因在于机制的运行模式存在差异，欧盟过于强调各成员国的主权独立性，较为尊重各成员国的独立意见表达，而且成员之间的相互沟通时间也较为漫长，因而效率相对较低。而美国在联邦制的框架之下各州之间签订州际协议的效率则要相对高一些，因为毕竟不涉及主权利益的问题。

美国与欧盟的经验告诉我们，要提升协调立法机制的运行效率除了要采取相互谈判、达成一致协议的方式之外，还应当有强制力保障实施，而我国长期以来在政治层面的民主集中制就可以很好地在大气污染区域治理立法协调机制中加以运用。即可以由国家或者以协议的方式确立一个区域立法协调委员会，负责区域立法的协调问题，并赋予其一定的强制力，然后通过协商的方式在各地方之间征求意见，尽量达成一致认可或者基本上可以进一步谈判的意见。最后是将意见集中，按照多数通过原则来对立法主体进行协调，这样就可以使我国的大气污染区域治理立法协调机制的运行效率大大提升，从而避免久谈不决现象的出现。

三、我国构建大气污染区域治理立法协调机制的实证分析

1. 我国以往大气污染区域治理立法协调的实践探索

大气污染区域的立法协调实际上就是在以某一生态系统为依托的区域内，由若干不同的行政主体联合在一起制定的规范性文件，区域治理中的立法协调机制是一个涵盖面非常广的内容，既涉及区域合作的协调机制又涉及区域立法的协调，区域立法是实现区域合作的重要方式之一。由于我国对于区域立法协调机制的建立没有在法律上加以体现，所以对于那些可以在区域发展合作

上起积极促进作用的协调机制，在没有违背宪法和现行法律体制的前提下都可以归到区域立法协调机制的范围中。通过这种视角可以看出，我国已经对大气污染的区域治理多次运用了立法协调机制，这些实践为大气污染区域治理立法协调机制的正式建立打下了基础。实践中，采用区域立法协调的做法主要有三种。

（1）区域规划。区域规划是指以区域经济或者区域生态环境为基础，联合各行政区域，建立以主题功能区为核心的区域，而后针对该区域制定区域经济产业政策。这些政策涉及的内容广泛，如财政政策、投资政策、产业政策、土地政策、环境政策、人口政策和气候应对政策等。[1] 这些区域政策的出台，大多数情况下都是在国家的主导之下，由区域内的各主体进行协商，并设计生态经济发展方案，方案设计好后，报国务院批准，国务院对于申报的区域政策方案进行审核后，根据国务院发展该规划所确定的内容对方案进行修正，之后以区域规划的方式加以实施。在法律效力上属于抽象行政行为，对各地方区域具有约束效力。比较典型的是2009年由国务院批准，由国家发展和改革委员会设计规划并实施的《鄱阳湖生态经济区规划》，该规划范围占国土面积5.12万平方公里，其中包括景德镇、南昌、鹰潭3个城市，宜春、九江、吉安、新余、抚州、上饶的部分县（市、区），共38个县（市、区），规划期为2009—2015年，远期展望到2020年。在该项规划的发展目标中明确指出，要在规划期内争取完成对生态文明社会的初步构建，使生态文化和环保理念成为人们精神生活的重要部分，鼓励并帮助人们树立节约资源、保护环境的生活方式……空

---

[1] 丁四保，王昱，卢艳丽，等．主体功能区划与区域生态补偿问题研究［M］．北京：科学出版社，2012：9－12.

气质量达到国家Ⅱ级标准。❶ 再如由国务院批准的《黄河三角洲高效生态经济区发展规划》中提出，要积极促进、鼓励环境友好型工业的发展，严格控制污染，加强园区的创新能力建设，提升产业整体素质，促进产业集群化发展。从上述区域经济政策来看，由于是在中央政府的协调之下，以区域发展规划的形式出台的，因而具有强制力，实践中，这样的区域经济规划发生的实际作用是比较大的。因此，从区域建设和区域立法的发展态势来看，区域规划为我国大气污染区域治理起到了立法协调的作用。

（2）区域合作协议。区域合作协议是由区域内有行政管理权的地方政府或政府部门，联合在一起通过签订协议的方式来发展区域经济治理区域环境。区域合作协议是区域内就具体项目或领域进行合作的重要形式。各区域根据自身的发展需求在目标一致、平等自由的前提下签署合作协议，目前我国的区域环境治理相当一部分是通过区域合作协议来实现。在中共十八大之后，京津冀协同发展被定为国家重大战略，在该政策的指引之下，京津冀三地共同签署了一系列关于经济发展、产业承接、交通互联互通、环境共同治理的协议和方案。其中以《区域环境保护率先突破合作框架协议》（以下简称协议）为例，该协议由北京、天津、河北三地的环保局于2015年12月签署，协议提出以联合立法、制定统一规划标准、进行统一监测为措施，统筹京津冀地区的大气污染治理，力求改善区域大气环境质量。协议明确了未来京津冀在区域大气治理上的工作任务：①联合立法，三地共同编制《京津冀区域环境污染防治条例》；②统一规划，在《京津冀协同发展生态环保规划》的原则性指导下，共同制定大气环境保护的专项规划；

---

❶ 李茂春．鄱阳湖生态经济区环保法制建设研究［J］．行政与法，2011（10）：36.

③统一标准，建立区域性的污染物排放标准体系；④统一监测，制定统一的环境管理体系和生态环境监测网络；⑤信息共享，在区域范围内构建环境信息共享平台，对大气污染情况、治理技术研究、环境政策等信息予以共享促进区域间的交流沟通。[1] 合作协议是区域立法协调的重要形式，一方面，合作协议能够在区域发展上起到与区域规划相似的作用，即对所要处理的社会事务或服务对象提供协调的空间和渠道；另一方面与区域规划相似，合作协议往往建立在共同的行动目标基础之上，合作主体之间存在契约性的合意，在平等自由的前提下达成的合作在实施计划上具有很强的可行性。除此之外，合作协议都对合作机制进行了约定，从而为区域立法起到了很好的协调作用，相对而言，实践中合作协议对于地方的发挥管理权空间尺度较大，地方政府部门可以根据区域及本辖区内的实践具体实施环境治理活动。[2]

（3）公众参与立法。公众参与立法是指在国家和地方立法的过程中，由执行委员会将立法方案向社会公众进行公布并征求相关意见，公布期间社会公众可以就其中的相关内容提出自己的意见和建议，公布期届满后由执行委员会将公众意见汇总，最终形成立法建议。[3] 2018 年修订的《大气污染防治法》中新增了公众参与制度，而且在 2015 年环保部也出台了《环境保护公众参与办法》，其中对公众参与环境保护的程序也作出了相应的规定，可见现行立法对于环境保护领域内公众参与是极为重视的。具体到大气污染区域治理，公众参与是实现区域合作治理的重要方式，在

---

[1] 段丽茜．京津冀签署区域环境保护率先突破合作框架协议：十个突破共同改善生态环境质量［N］．河北日报，2015－12－04（1）．

[2] 史建三．地方立法后评估的理论与实践［M］．北京：法律出版社，2012：136．

[3] 洪旺．公众立法参与研究［M］．福州：福建人民出版社，2015：25．

立法协调中起着非常重要的作用。“公众参与”一词是对公众参加涉及公共利益的社会管理活动的抽象概括，其具体包含的制度有很多种，如听证会、座谈会、通过网络平台或移动互联平台发表意见和建议等。在区域合作中，不管是在立法合作上还是在具体的合作实践中，公众参与都以各种各样的方式出现，是区域合作得以顺利进行的重要助力。这一点在我国区域环境治理中表现得更为直接。诸如，就区域合作环境工程项目计划公布于社会，征求公众的意见，邀请相关专家参加座谈会；召开相关主题论坛，鼓励群众和相关领域的专家参加，并对区域合作环保活动或环保热点问题进行讨论，如“第12届长三角论坛环境保护论坛”（2015年）和“北方环境论坛”（2014年）等。还有一些地方政府建立相关环保网站，让公众自由地通过网上专栏表达对区域合作、环境保护等各种事项的观点，直接参与到区域合作中来。无论通过哪种形式，公众参与对协调区域立法在立法内容拟订和区域合作上都起到了重要的促进和监督作用，最大限度地反映民意，使区域协调立法顺利开展。

从上述三个方面来看，目前我国已经在一定范围之内开展了大气污染区域治理立法协调的实践，并取得了一些实际的成果，这些成果对于区域大气污染的治理而言，是具有积极意义的。

2. 京津冀协同发展背景下大气污染治理区域立法协调的突破

在大气污染区域治理的立法方面，实际上以往的实践基本上都是“零星化”的探索，并不成规模，而且也没有形成固定的法律机制或者法律框架，即可持续化的法律制度尚未真正建立起来，尽管如此，这些实践探索的积极意义依然是值得肯定的。但是，这种状态随着京津冀协同发展重大战略的确立，有了实质性突破。

2014年2月，习近平总书记在听取京津冀协同发展工作汇报时强调要将京津冀协同发展作为国家重大战略对待，随后，京津冀一体化上升为中央的重点工作加以部署，在2015年4月中央通过了《京津冀协同发展规划纲要》，标志着京津冀一体化发展正式以中央文件形式被确立下来。随后，京津冀协同发展的相关工作全面展开，这其中也包含了京津冀区域环境治理工作的安排，主要体现在部门立法协调方面，从部门立法角度来看，京津冀协同发展对部门立法提出了新的要求，目标是京津冀三地在经济、文化、社会、生态等方面均要做到协同发展。在这样的背景之下，在环境立法方面也取得了一定的进展，尤其是在协调京津冀三地的环境标准这一问题之上，取得了实质性的突破，最为典型的就是环保部出台的协调京津冀三地环境标准的立法性文件，例如，2016年2月环保部针对北京、天津、河北三地政府出台《关于统一京津冀城市重污染天气预警分级标准强化重污染天气应对工作的函》将统一预警分级标准、统一实现区域内重污染天气应对行动作为文件的重要内容，这样的文件属于抽象行政行为，而且该文件以一种常态化的、可持续化的文件形式建立了一种法律机制，来协调京津冀三地的立法标准，此种做法比以往“零星化”的协议方式处理地方立法问题，更具有突破意义。

3. 建立大气污染区域治理立法协调机制需要排除的困难

从上述分析可知，目前我国的大气污染区域治理立法协调机制的建设尚处于起步阶段，要构建这样一个制度还存在不少实际困难，要排除这些困难后大气污染区域治理立法协调机制才能顺利实施。

首先，地方立法存在某些冲突。要建立大气污染区域治理立法协调机制最大的阻碍因素就是某些地方立法之间存在一定的冲突，由于环境保护法律领域内的法律法规和部门规章众多，在这些规范性文件的框架之下各个地方都会制定属于自己地方特有的环境保护地方性规范文件，由于在环境法领域之内，地方的环境标准可以高于或者等于国家标准，但不能低于国家标准，在这样的情况之下各地方的环境标准就会根据本地区的环境保护实践提出符合本地区的标准，所以各地区的环境标准未必都一致，存在差异性很有可能，这些差异也体现了地方环境保护的特殊性。而当各地方联合在一起制定区域性立法规范之时，最为敏感的部分就是这些具有地方差异的特殊性部分，有可能会产生地方立法上的冲突。

而这些冲突主要表现形式有两类：一类是标准上的冲突。即各地的环境标准虽然都是依据国家标准制定的，但是在国家标准之上还存在宽严之分，而区域立法采用什么样的标准就会产生矛盾，采用高标准，对于经济相对落后地区有可能难以实现，而采用低标准则对经济相对发达地区的环境保护不利，如何取舍需要以相应配套制度的实施才能够达到均衡。[1] 另一类是内容上的冲突。所谓内容上的冲突就是在某个地方出台了与环境保护相关的地方性规范文件，而且其内容是针对地方特色作出的规定，如果区域内不同主体联合在一起通过协议的方式构建区域治理制度，有可能采取的治理措施与该地方的规范性文件在内容上是矛盾的，[2] 此时如果维护地方利益则有可能影响区域整体协议的形成，而维护区域整体利益，那么文件出台后的效力与之前的地方规范

---

[1] 陈延辉．环境政策型立法研究：基于对中国环境基本法立法模式的思考［M］．北京：中国政法大学出版社，2012：159.

[2] 刘秋妹．循环经济法律政策研究：基于政策系统的视角［M］．北京：法律出版社，2013：92.

之间在内容上是相互矛盾的，如何解决这一矛盾则存在一定的问题。立法冲突是影响法律实施效果的一个重要原因，要提升大气污染区域治理立法协调机制的运行效率，就应当有针对性地解决地方立法存在冲突的问题。对于第一种类型的冲突，笔者认为，区域立法应当考虑执行较为严格的环境标准，因为对于环境保护而言，严格的环境标准有利于生态环境的恢复，至于经济相对不发达地区，则可以在大气污染区域治理立法协调机制的框架之下建立区域生态补偿机制，由经济较为发达的地区提出补偿方案，以弥补该地区执行较为严格的环境标准所造成的环境利益的损害。[1] 这样就可以在区域内实现立法上的协调统一，同时使地方经济发展与环境保护之间能够得到均衡发展。

对于第二种冲突，笔者认为，在进行区域立法之时可以借鉴国际条约的生效方式，在其中设置保留条款，以使区域协议立法能够通过，而且不与地方立法相冲突。当然还存在另一种解决途径，就是由地方先行通过区域立法协议，然后再根据区域协议的内容修正地方立法。无论采取上述哪种方法，都可以使区域立法与地方立法之间内容上的矛盾加以消除，消除矛盾之后，立法的协调将能够顺利完成。

其次，有些地方之间缺乏契约精神。大气污染区域治理立法协调机制在很大程度上要通过协议的方式来解决区域大气污染联合治理的问题。

契约精神作为一种理念在现实中表现最突出的是合作双方的法律地位，基于契约理念，即使是地方立法机关与其他社会组织之间进行合作，它们在地位上也是平等的。而从我国的实践来看，

---

[1] 沈满洪，魏楚，谢慧明．完善生态补偿机制研究［M］．北京：中国环境出版社，2015：87.

有些地方之间在契约精神方面是有所欠缺的，主要体现在以下两个层面。

一是观念上的禁锢。在社会生活出现问题时，公众更多的是希望政府通过公权力来解决，某些区域之间进行磋商合作的积极性偏低，地方通过谈判协商来实现区域立法的难度极大。这种情况下，我国的立法协调机制依然以依靠政府公权力进行干预为主，从而使得区域立法协调工作从效果上来看具有一定的任意性。尽管近年来政府不断鼓励公众参与到区域合作和社会管理事务中来，但是由于参与机制不完善，公众参与度不够。要想从根本上改变这种局面，在某些公共管理事务上发扬契约精神，在纵向和横向的地方立法机关之间，以及地方立法机关与公众和社会组织建立起合作关系是有必要的。

二是利益上的追逐。对利益的追逐是人类的本性，也是社会发展的动力源泉，地方政府为了保护地方经济，从地方经济中获益通常会采取一系列的保护性措施，这些措施有的是合理的有的是不合理的，久而久之也就形成了地方保护主义这种特殊的经济发展现象。具体到立法领域之内，在区域立法的过程中各地方难免都会有自己的利益考量和诉求，而且在多数情况下各自的利益诉求会或多或少地损害其他地方主体的利益，甚至有的时候利益冲突会上升到难以调和的程度，须上级政府通过行政干预才能够实现协调一致。从这两方面来看，由于目前地方之间的契约合作精神略显不足，所以大气污染区域治理立法协调机制的构建及运行尚存在一定的阻碍。然而，随着社会经济的发展，合作已经成为经济发展的常态，孤立的发展模式虽然可以在短期内获得一定的经济利益，但是从长远看，不可能将这种利益保持长久，因而随着市场经济的不断深化，若加大对合作治理机制的宣传，地方之间的契约合作精神一定会有一个本质性的提升。

最后，大气污染区域治理的经验略显不足。虽然我国在区域经济发展、区域环境治理以及区域大气污染治理等方面有过相关的经验，但是从实践来看，这些经验涉及的地域范围并不宽，而且所取得的经验远远没有达到一定的规模，从这一角度来看，目前我国区域大气污染治理的经验尚显不足，我国目前的法律规范尚未对大气污染区域治理的立法协调有明确的规定，原因是多方面的，其中主要原因有两个方面。

一是实践层面的原因。俗话说，实践是检验真理的唯一标准，法律制度的产生必须有实践基础，没有实践基础的法律制度就是无源之水，无本之木，只有行政执法和司法实践中有类似的实践，法律才能够根据实践制定相应的制度。相形之下，我国在大气污染区域治理方面虽然有类似的实践，但是尚处于摸索阶段，并不成熟，并未形成一定的理论体系，所以立法对大气污染区域共同治理并没有太多的规定。而在 2018 年的《大气污染防治法》中，虽然对大气污染区域联合治理有所规定，但是并不详细，其中对于大气污染区域治理法律协调机制更是没有涉及。

二是理论层面的原因。从理论层面来看，目前我国在环境保护法领域之内大气污染区域治理立法协调机制的相关理论并不成熟，也并没有形成体系，而且很多问题都停留在初步设想阶段，付诸研究的内容少见，理论成果也相对较少，这就导致了立法并没有出台关于大气污染区域治理立法协调机制的相关内容。

从以上两个层面都可以说明，目前大气污染区域治理的立法协调尚处于起步阶段。这样的现实也给大气污染区域治理立法协调机制的建立和运行带来了一定的困难。但是不管怎样，困难是有的，但是区域大气污染必须要治理也是一种客观要求，在这种情况下，应当排除经验不足带来的负面效应，以创新性的思维来构建大气污染区域治理立法协调机制，这样就能够使该项机制的运行保持顺畅。

四、建构大气污染区域治理立法协调机制的建议

本书从立法权、立法程序、立法内容三个方面出发，设计相应衔接机制，从内部相互配合，确保机制整体的有效运行。

1. 协调地方立法职权的机制构建与完善

（1）建立区域立法联席会议。联席会议制度是我国实践中演化发展出的一种解决具体实际问题的做法，一般而言当出现疑难问题，由一个机关无法解决之时，通常会由主管机关联合多个国家机关就该问题进行磋商、探讨，最终形成处理方案，此种解决问题的方式多属于“特事特办”，因而也具有比较浓厚的实践性色彩。[1] 当然，联席会议在实践中的运用不仅仅限于行政机关，也包含了司法机关在内。

由于我国的国家机关采取条块式分割的管理模式，但是就权限划分而言，并不是十分清晰，存在一定的权限相互交织现象。而联席会议措施的实施，在很大程度上解决了这样问题的出现，其积极意义是显而易见的。

从实践来看，联席会议的措施主要解决以下问题：一是协调各部门之间的管辖权限。由于社会经济的发展，诞生了诸多新的社会现象，而这些现象背后的动力源泉实际上都是经济利益的支撑，而从实践的角度来看，社会管理部门的权限范围变化永远要

---

[1] 徐以祥．行政法学视野下的公法权利理论问题研究［M］．北京：中国人民大学出版社，2014：92．

滞后于社会现象，也就是说先有社会经济现象而后才会有社会管理部门的职权变化，当然在社会管理部门职权变化之前所发生的较为新颖的社会经济现象，社会管理部门的管理权限就会有所缺漏，抑或者表现为多个部门在部门权限之内都可以行使管辖权。[1]在这种情况之下联席会议可以在很大程度上协调多个部门之间的管辖权限，从而使新问题得到妥善处理。

二是解决疑难问题。通过磋商的方式，对其中的核心问题以及疑难问题进行协商，找到解决问题的最终途径。此种情况的联席会议是最为常见的形式，在实践中较常采用。无论是哪一种情况，联席会议的措施就是为了解决实践中的实际问题而存在的。具体到大气污染区域治理的立法协调机制，也可以在借鉴欧盟经验的基础之上，结合我国的联席会议制度的实践经验，建立区域立法的联席会议制度，即区域内的各立法机关在区域立法的过程中，可以就某事项的立法由各地方立法机关代表之间进行沟通和协商，最终形成区域立法的一种会议机制。通过召开联席会议的方式来进行区域合作的磋商在我国已有先例：2010 年“第六届泛珠三角区域劳务合作联席会议”于福州召开，在此次会议上，泛珠三角区域合作各方就经济发展合作方面达成了一致意见，出台了《泛珠三角区域职业培训合作协议》；2015 年“粤港合作联席会议”于广州召开，决定粤澳区域合作方就社会保障、医疗卫生、环境保护等问题展开合作交流，并建立联席会议制度。该联席会议从要解决的问题性质上进行区分，既包括解决工作方法联席会议，如对于区域立法的某一方面需要协调和商讨的事项而召开的有具体目的的联席会议，对冲突与分歧的消除方案各方进行协商；

---

[1] 孙百昌. 工商行政管理经济学［M］. 北京：中国工商出版社，2010：163.

还包括建立长效机制联席会议，此类型的联席会议一般情况下是由区域内相关地方立法机关的负责人，就长期性的宏观问题进行定期讨论，一般涉及区域立法方针政策。[1] 两种联席会议的参会人员既可以是区域内各地方立法机关的负责人，也可以是其委派的代表。区域立法联席会议为消除主体间的分歧提供了机会，立法的每个环节都面临解决分歧，分歧的积累会导致用简单的沟通方式难以解决，尤其在关乎一些事项上的利益分配问题上，就需要区域立法联席会议为解决分歧提供充分沟通与协商的机制，促使各方找到可接受的方案。大气污染区域立法联席会议的建立，可以在很大程度上解决区域间对某些立法事项分歧较大的现象，从而能够尽快出台各方均认可的立法意见或建议，因而区域立法联席会议制度是大气污染区域立法协调机制的核心内容。

（2）完善公众参与机制。大气污染治理的公众参与在《大气污染防治法》中有专门条文加以规定，而在环保部出台的《环境保护公众参与办法》中对于公众参与也做了更加详细的规定，但是需要注意的是公众参与立法的规定并不多。有学者认为公众参与是立法程序民主化的内在要求，这种说法固然是正确的，但是公众参与立法也是有着自身特点的一项制度，也属于区域治理的方式之一，基于区域治理这个范畴，社会公众的参与就有更为特殊的意义了。因为在区域治理中，参与的主体不仅仅包括政府、企业，还包括居民。公共治理是各参与主体通过协商、合作等良好互动等方式，就共同目标所做的共同努力，这区别于传统的纵向管理模式，政府不再是充当“家长”的角色，而是企业、公民的合作对象。在区域治理中，政府参与一般通过提供法律规则、

---

[1] 王琳，涂成林．行政管理学［M］．2版．北京：北京理工大学出版社，2012：89.

提供公共服务、组织区域活动等方式，而这些活动的每一项也都离不开公众的参与。由此可见区域立法是一种契约行为，而不是权力行为。因此，应当尽快完善区域立法公众参与制度，如果该项制度不完善，那么大气污染区域治理立法协调机制很难算得上是一项完善的制度。为此主要应当从以下几个方面加以完善。

一是加大公众参与比重。我国地方立法的公众参与无论在立法听证会还是论证会，公众参与的比重与企事业单位相比还是比较低的。这就决定了我国公众参与的程度不够，不能够为区域立法提供代表利益阶层意愿的参考信息。区域立法中公众应当通过某种形式的组织进行联合，如消费者协会等，可以代表不同社会阶层、不同群体的需求。他们的意见既具有广泛性也具有专业性，在立法的过程中可以参考这些组织的意见和建议，使其能够提供更多的信息，并有效地参与区域立法。

二是提高公众参与意识。我国的立法者与参与者对公众参与的重视都不够。公众参与对立法的影响还不够，如在立法实践中，公众参与机制的运行往往还是以听取意见为主要方式。因此，相对于我国的公众参与立法与而言，应当给予更大的参与空间，除听取意见之外，还应当在参与立法建设的其他方面给予一定的参与空间，使其能够发挥更大的作用。

三是增加公众参与的可操作性。目前我国的公众参与还缺乏规范性，公众参与的随意性较大，具体途径、方式等缺乏法律规定，因此导致公众参与立法的效果并不十分显著。为此需要通过制定专门的规范来调整公众参与机制，使其具有具体的法律依据。为了增强区域立法公众参与机制的规范性和可操作性，应当确认以下内容：首先是区域立法需要公众参与的阶段或环节。其次是参与者通过何种方式产生，具备何种条件，享有哪些权利。再次是参与者的意见收集方式，如何反映意见。复次是社会公众参与区域立法时应当遵守的规则。最后是要明确公众参与立法的免责事项，即社会公众因参与立法过程中的正常表达，除危害国家安全的之外，不应当受追究。

2. 协调联合立法程序的机制构建与完善

区域立法的立法程序不是完全区别于一般立法程序的独立程序。区域立法的每一个程序都需要依靠地方立法程序进行。这就存在与地方立法程序在立法进度和安排上的协调问题，为了保证区域立法的效率有必要对立法程序建立协调机制。

（1）提案或送审同步。在区域立法的过程中，参与立法合作的主体既包括地方权力机关也包括了地方人民政府，不同的合作主体决定了立法程序也是不同的，区域立法的提出和送审在制度要求上存在很大差异，因而有必要针对不同主体对其进行时间上的协调。从这一点来理解，采取提案或送审同步来协调立法案提出或送审的时间是有必要的。要完善协调立法程序，要解决以下实际问题：一是应当解决如何确定提案或送审主体的问题。提案主体是指有权向区域立法职权主体提出区域立法案的法定机关或提案人。如地方人大常委会的提案主体有：人大常委会主任会议、本级人民政府、本级人民法院和人民检察院等。送审主体是指在规章制定过程中，享有签署规章送审稿和将规章送审稿交政府法制机构进行审查的权力主体。《规章制定程序条例》（2017）第18条第1款规定规章的起草者为送审主体。二是应当规定送审主体。区域立法案提出或送审主体还需要由区域立法案的性质来决定，如若区域性立法文件为区域性法规，则可以确定提案主体；若区域性立法文件为区域性规章，则可以确定送审主体。区域立法的起草者在确定提案主体或者送审主体的过程中发挥着重要作用。

区域立法的起草应当有专门的委员会负责，参照《立法法》（2015）等相关法律规定，区域立法案的提案主体应该为参与区域合作的地方人大法制委员会，送审主体为负责区域立法案起草的起草委员会。区域立法案无论是要送审还是要经过提案，在区域内应当保持立法选择的同向性。如区域立法案的提出是各地方人大的单独行为，而各人大法制工作委员会在工作计划、规划安排上皆有不同，都是各成一套管理体系，如果不经过协调各自提案，就很可能造成提案时间差别甚远的情况，进而影响区域立法案的审议以及审议过程中的协调讨论的进行。除此之外地方人大或常委会的会议召开时间某种程度上还决定着区域立法案的提出，各地方人大全体会议在每年召开的时间基本确定，虽然有些不同，但往往基本都在相同的时间段。

在地方性立法文件中虽然没有具体规定提案时间，但根据这一规律基本也可以根据人大会议安排判断出区域立法案提出的时间。根据规定，省人大常委会需要提前一个月将在省人大会议召开的时间和相关事宜通知各位代表，并将待审议的地方立法草案发给他们。因此可得出，若要将区域立法案提到地方人大会议进行讨论应在被列入该会议议程的前提下进行，并在省人大常委会通知代表之前，因此概括来说应该至少在省人大会议召开的一个月前提交。而对于区域立法案的送审，其并非是单独的一个程序，而是指从规章起草到审查的这个过程的全部环节，是区域立法案进行实质审查的前提。而我国相关法律规范中并没有对送审时间作出明确规定，立法文件在起草后，需要各地方政府的法制机构分别审查，而审查机构众多，全部由这些地方政府法制机构审查完会耗费大量时间，并且送审的进度直接会对审查的进展产生影响。因此，区域立法案的送审时间需要统一，建议为区域立法文本审查结束后的 15 个工作日内。

（2）明确表决期限。我国《立法法》（2015 年）第 17 条规定：常务委员会应当将决定提请全国人民代表大会会议审核的法律案在会议举行的一个月前将该法律案发给代表。可见效率对立法活动而言至关重要，而审议和表决是立法的关键程序，若区域立法在审议和表决阶段耗时过长则会使区域立法的效率大大降低。因此，应当建立区域立法限期表决制度来提高区域立法的效率。虽然效率不是区域立法的核心价值，但区域立法能否被及时通过对于区域立法目标的实现有着至关重要的意义。

首先，区域立法是基于各地方对区域社会发展、区域合作的意愿而进行的，其参与主体来自区域内的各个地方行政机关，需要进行的协调工作繁多，直接影响了区域立法进度。其次，区域立法在表决上有别于一般地方立法。一般地方立法通过与否只会对本地方产生影响，其表决具有单一性，若地方立法案没有通过则在该地方无效。但区域立法有多个地方立法参与，其立法表决具有复合性，需要在区域内的各个地方立法机关分别进行，直至最后一个地方立法机关完成表决。因此，每个地方立法机关对区域立法案的表决结果都会对区域立法的整体进程产生影响。此外，无论是地方人大或是其他地方立法机关都在紧凑的工作日程下工作，其工作计划各有不同，很难保证区域立法的审议与表决的同步。所以设定区域立法限期表决制度很有必要。以各个地方人大为例，我国地方人大代表全体会议每年只召开一次，但由于会议都很短所以在议程上就很紧凑，进而很难一次性地完成对区域立法案的审议和表决，若再等下一年的会议则会造成区域立法迟滞。因此可以以两次年度会议为区域立法案的表决期限。

3. 协调区域立法内容的机制构建与完善

（1）加强区域立法起草论证。对于一项法律制度而言，起草立法草案是立法的关键性环节，区域立法起草论证是对区域立法文本起草的论证，发生在区域立法规划之后，区域立法正式启动之前。

起草论证是保证区域文本质量的关键环节，起草论证工作做得是否充分，对起草工作能否顺利进行至关重要。在传统的地方立法过程中在起草环节主要出现的问题有两个：一是调研论证不足。在传统的立法起草中，立法者关注的往往是纲领性的理念、指导思想等。虽然一些地方性法规规定要注重论证，但实际上并没有系统地运用于立法过程，导致立法起草文本科学性和可操作性等降低，进而影响实践效果。二是针对性不强。一般情况下地方立法文件的起草多会借鉴已经生效的其他地区的立法文件，在此基础进行删改，立法的针对性并不强。

从上述两个特点来看，目前实践中地方立法的弊端主要体现在某些地方立法起草过程中与地方管理实务联系的紧密度不高。而我们知道，对于地方立法而言，区域立法起草论证的目的是排除立法起草的不合理性，为文本起草提供可行性方案和参考依据。立法者起草法律文本是会对社会产生作用和影响的复杂活动，因此要求立法者在起草之前做充足的论证工作，对立法可能产生的效果进行预测，而这些工作需要依靠立法起草论证制度来实现。立法质量的高低不单单依靠立法文本形式是否规范来衡量，更多的还决定于区域立法起草论证工作是否充分。对于区域立法起草论证的实施可遵循如下几步。

一是成立区域立法起草论证委员会。区域立法起草论证的实施应当由一个专门委员会负责，本书建议设立区域立法起草论证委员会通过组织会议的方式对相关问题进行讨论，增强区域立法起草的民主性。二是制定区域立法起草论证工作方案。工作方案应当包含如下内容：起草论证的目的及论证对象；准备性的工作计划、方案，以及所要收集的资料；参与起草论证的人员及分工安排情况；完成相关工作的物质保障；其他与区域立法起草论证工作有关的工作。三是正式论证。区域立法起草委员会应该按照工作方案和收集的资料进行多层次的论证。既要对区域立法的背景、目标、可行性以及起草可能带来的影响进行实际调研论证。毕竟区域立法本身就是为了区域的建设而存在的一种立法模式，因此区域立法要针对区域眼下社会发展情况以及区域立法所调整的公共关系。如京津冀地区的大气污染问题与京津冀的产业布局有着密切的关系，若要对此进行区域立法，首要工作就是把握好当下京津冀地区的产业发展现状，以及在大气污染治理上各地方的实践情况。四是完成区域立法起草论证报告。区域立法起草论证工作最终要形成书面论证报告，该报告要包括区域立法起草论证工作情况的报告、论证内容和总结。其内容应当包含：区域立法起草论证委员会就立法项目的部署、监督、管理及工作实况的汇报；对区域立法起草论证过程进行介绍，并对一些涉及必要性等问题的论证着重汇报；对区域立法存在的障碍性难点给予指出，并尽可能地给出解决方案；若论证充分可就区域立法草案的主要条款拟定文本草案。做好了上述工作，大气污染区域立法的起草工作才能够做得扎实。

（2）建立利益协调机制。利益是社会交往的基础，也是契约建立的基础，在社会经济发展过程中，利益无处不在，人类的社会行为绝大多数都可以归结为一种经济行为。[1] 对于区域大气污染治理的立法协调机制而言，其建立的基础应当是各地方权力主体

---

[1] 阿兰·斯密德．制度与行为经济学［M］．刘璨，吴水荣，译．北京：中国人民大学出版社，2009：19.

对自身利益与区域利益全面衡量后的产物，而立法协调机制的运行其实也是在各地方利益之间寻得利益上的均衡后的结果，从这一点来看，利益对于大气污染区域治理立法协调机制而言是一个核心要素，是该项机制建立和运行的关键，因此，应当建立利益协调机制，来协调各地方之间以及地方与区域之间的关系，这样的区域立法协调机制的运行才能够顺畅。一般而言，利益协调是区域合作的基础，而利益协调包含了两个方面的内容。

一是利益共享。区域立法中的共享利益在第一层含义上是指区域内各方之间的利益，而这种利益需要建立在立法合作的基础之上，经过各方的一致认可成为法律上的利益。而利益共享的另一层含义则是一种利益获得原则和机制，具体表现在区域立法过程中就是参与区域立法合作的各方应该以利益共享为原则，尽可能地在立法文本内容设计或确立的过程中，把握立法方向，使立法尽量能够满足合作参与方之间的利益需求。利益共享在实践中通常可以有三个方面的内容：首先是立法资源的共享。所谓立法资源就是各个地方所掌握的关于大气污染治理的数据、分析材料、实际案例、研究成果以及技术性文件等，要全面公开，与其他地方主体共享，这样才能够提升区域立法的效率。其次是人力资源的共享。在区域立法的过程中，各地参与立法的人员以及专家数量和能力都有所不同，因而要实现人力资源的互联互通，互相借调，共同参与立法，这样才能够使区域立法得以顺利完成。最后是后期保障的共享。对于在立法过程中的后勤保障问题，各地方也要实现资源共享，共同合作才能够使区域立法完成。

二是利益补偿。在区域经济、社会一体化快速发展的背景下，区域立法的直接目的就是协调和配置各利益主体之间的利益关系。因此，区域立法最重要的内容是对各地方经济及物质利益的协调，从宏观上来看，是区域合作过程中所涉及的各种利益形态，如自然资源、工业产量、生态环境等。从微观上讲，利益是满足社会组织或个人生存发展需要的物质性资源，但是这些资源在各地方之间的分配并不均衡，在地方主体参与了区域立法之后，有可能为了保存区域整体的利益其自身的利益会丧失一部分，因此就要建立相应的补偿机制来对这部分损失加以补偿，该种机制可以称为利益补偿机制。在实践中，运用最多的是三项制度：①经济补偿。即在区域内由立法协调机构协调参与立法的各方主体，由经济较为发达的优势地方向经济相对落后的地方支付经济补偿金的方式来弥补经济相对落后地区因实施区域政策而遭受的经济损失。②产业补偿。要在区域之内建立产业转移和产业承接的机制，实现各地方之间在生产、教育、医疗等产业的产业转移和产业承接，以弥补相对不发达地区在这些方面的弱势。③生态补偿。所谓的生态补偿除了以金钱的方式实现之外，还可以以生态功能区的方式实现，以促进经济相对不发达地区的环境生态进一步发展。综上，建立利益协调机制是大气污染区域治理立法协调的核心内容，只有该项机制被建立起来，大气污染区域治理的立法协调才算得上是一个完整的制度体系。

（3）完善区域立法后评估。法律在制定实施后，需要进行综合性的评估，其结果可以作为将来修订法律的基础和依据。作为地方立法而言，立法后的评估是必不可少的过程，所谓的立法评估，就是指在地方立法出台后，由专门机构对立法的质量、实施状态、实施效率等指标进行综合性评价的过程。[1]

立法后评估有“二次立法”之称，它对于法律的完善、改进

---

[1] 任尔昕．地方立法质量跟踪评估制度研究［M］．北京：北京大学出版社，2011：7.

都有着重要作用。区域立法亦是如此，经过一段时期的实施，也需要通过评估得出改进或完善的方案，进而更好地为区域提供合作规范。区域立法后评估是应对社会现实发展的重要机制。对于区域立法者来说，实施区域立法后评估是了解区域立法实施效果的最直接有效的途径，有助于区域立法者及时作出应对，以协调区域立法的体系。我国的立法后评估制度虽然还不够成熟但已经引起了各级立法者的广泛重视。《国务院全面推进依法行政实施纲要》（2004）提出，行政规章等规范性文件实施后，相关管理部门要定期对其进行评估。立法后评估是一项对专业性要求较高的立法活动。这要求进行区域立法后评估的主体必须具备相应专业能力，以及从事与立法有关活动的经验。因此，立法后评估要促进区域内部各评估主体之间的协调，尤其是要对公众保持开放，注重公众参与，鼓励各种群众组织、学术团体的参与。大气污染区域立法实际上也需要对其法律价值、功能实现情况进行调查、评估和应对，依靠评估来促进其实施。

通常情况下大气污染区域立法的评估主要包含了以下四个问题，需要立法协调机制加以完善：一是区域立法的评估标准。评估标准是评价大气污染区域立法实际效用的一项重要因素，应当在主客观相统一的原则之下，对区域大气污染防治立法中的性质与数量问题，合法性与合理性问题、协调性与安定性问题等进行全面的测评，并将结果汇总。二是区域立法的评估方法。评估方法也是区域立法评估过程中的一项重要内容，通常情况下对区域立法的评估可以采取社会调查的方法、成本收益分析的方法、比较分析的方法、定性分析与定量分析相结合的方法、规范分析与实证分析的方法、系统分析的方法等，这些方法在统计学中是常用的方法，当然这些方法对于区域立法的评估而言，也是非常重要的方法。三是区域立法的评估程序。评估程序在一定程度上决定了评估过程的公正性，一般而言，评估的过程应当包含前期准备阶段、信息的收集阶段、资料信息分析阶段、形成评价报告阶段等四个阶段的程序。四是区域立法的评估反馈。在对大气污染治理区域立法进行评估后，应当将结果及时有效地反馈给立法部门，以便区域立法部门能够迅速掌握区域立法的实施效果。

综上，只有对大气污染区域立法进行严格的评估，才能够使立法协调机制实现效率化的运作。

CHAPTER 05 >>

第五章

大气污染区域治理执法协调机制

执法是立法实现的途径和保障，没有执法，立法就失去了意义，以立法调控社会关系的目的也就无从实现。对于区域性大气污染治理要解决跨行政区域执法的问题就需要建立和完善大气污染区域治理的执法协调机制。

一、大气污染区域治理执法协调机制的界定

1. 大气污染区域治理执法协调机制的含义

大气污染区域治理是区域内的行政主体联合在一起对大气环境进行的治理活动，而区域环境治理的主要主体是地方政府以及政府环保部门，从这一意义上讲，大气污染区域治理的实施有赖于区域内各行政主体的联合治理活动，这一活动从本质上讲属于行政执法行为，所以需要在区域内建立大气污染治理的执法协调机制，以协调各执法主体之间的关系，使区域内的共同执法活动能够顺畅地进行。

对于执法协调机制而言，其基本含义有以下几点：一是法定性。大气污染区域治理的执法协调机制是通过上级政府建立或者由区域内的各行政主体协商确定的一种制度，该制度在区域内对参与大气污染治理的各行政主体都有一定的约束力，因而具有法定性。二是目的性。从目的性上看，大气污染区域治理执法协调机制的产生主要是为了协调区域内参与大气污染治理的各行政主体之间的执法关系以及执法资源的集中分配和相互配合问题，而远期目标则是促使大气污染治理活动能够顺利完成，以达到使大气环境得到改善的目的。三是规范性。所谓规范性就是意向制度性的规范能够对被约束主体的反复适用性，❶ 大气污染区域治理的执法协调机制的建立可以在区域内搭建一个沟通交流平台，由各行政主体相互交流沟通，并且这种交流沟通与联席会议制度是有区别的，联席会议制度解决某一件具体事项的办理，属于“特事特办”的一种客观表现形式，而大气污染区域治理的执法协调机制则是以一种制度化存在的方式来协调解决各行政主体之间的执法权力资源分配问题，该制度规范可以在区域内反复适用。四是秩序性。所谓秩序性就是通过大气污染区域治理的执法协调机制的运行使区域内的各行政主体的执法权分配以及联合执法、跨区执法等执法活动出现秩序井然的现象。法的秩序性是法的安定性的一种客观表现，是反映法律运行状态的一个直观性的指标，法律制度的运行显现出一种秩序状态，则说明该项法律制度具有安定性，也就具有法的正义性。❷

---

❶ E. 博登海默. 法理学：法律哲学与法律方法［M］. 邓正来，译. 北京：中国政法大学出版社，2004：254.

❷ 棚濑孝雄. 现代日本的法和秩序［M］. 易平，译. 北京：中国政法大学出版社，2002：173.

从这一角度来看，大气污染区域治理的执法协调机制的运行最终的效果就是要使各地方行政权力的运行具有一种秩序化的外观特征，使各地方对大气污染的治理能够达到同步进行、同时进行、合作进行。

2. 大气污染区域治理执法协调机制的系统性目标

法律制度的系统性是法律制度的一个重要特征，因为法律机制内部的各要素之间相互联系相互区别，相互促进又相互制约，任何环节的变化都会严重影响到其他环节；同样地，其他因素的变化也会影响或受制于这一环节。难以忽视的是，机制的自我调节功能，使得整体系统在特定的时间和特定的条件下是相对稳定的，当某一要素的变化超出系统要求及功能时，它便会进行自我调节从而确保整个系统目标的实现。大气污染区域治理的执法协调机制的系统性目标就是要通过立法协调机制的运行，建立一个行政执法协调系统，可以使每一项地方行政执法权在实际行使的时候都能够得到协调系统的支持，而获得其他地方行政权力的帮助，最终共同完成区域大气污染治理的任务。

具体而言，行政执法系统化的目标就是要通过行政执法协调机制构建协调系统，来实现对行政执法权之间的日常协调，这样的系统应当是制度化、体系化、日常化的，而非对单一执法事件的协调，如果是对单一执法事件的协调可以由联席会议制度来解决。大气污染区域治理的执法协调机制的系统性目标的构建应当打造四大平台。

一是信息交流平台。即每一地方行政主体都有各自的信息来源并且也都掌握着不同的信息，这些信息既包含了内部信息同时也包含了外部信息，对于这些信息，执法协调机制应当建立信息交流平台，使各地方行政主体的信息能够在平台之上进行交流，这样就可以使各执法主体迅速掌握与执法相关的信息，以提高区域内大气污染治理的执法效率。

二是协同交流平台。区域大气污染治理需要各地方行政主体之间共同努力、联合执法才能达到效果，而我国的行政执法长期以来都是采取以管辖区域为单位各自采取相应措施实施分别治理的模式，这种模式对于治理大气污染作用有限，需要采取协同共治的方式才能够实现最终的治理效果。因此，应当由执法协调机制建立协调沟通交流的平台，使各地方行政执法主体能够在平台内交流，并按照事先确立的规则完成协同执法的目标。

三是办公管理平台。即处理协同执法的常规工作的平台，是维持执法协调机制的正常运转所需要的基本平台。

四是移动办公平台。在“互联网+”的时代里，“互联网+”的思维不仅仅是商业运营的一种主导型的思维，而在行政执法领域内，也应当贯彻这样的思维，当下移动互联已经成为人们生活的一个组成部分，与此同时政府机关也注意到了这种变化，纷纷开办了移动互联公共账号，来向社会公布和收集相关信息，在实践中也取得了良好的效果。因此，作为大气污染区域治理的执法协调机制而言，也应当构建这样的移动办公平台，使各行政主体之间能够有效地进行沟通，并且还能够及时收集到社会公众对联合执法的意见和建议。

综上，以上几个方面是大气污染区域治理的执法协调机制系统性的目标，当然这些目标仅仅是较为重要的目标，并非全部的目标，只有通过执法协调机制建立了上述平台之后，执法协调机制的运行才是系统化的运行方式而非联席会议式的独立化运行方式。

3. 建立大气污染区域治理执法协调机制的必要性

近年来大气污染问题成为社会关注的热门话题，我国大城市的大气污染防治形势不容乐观。总体而言，大气污染物排放总量仍然较高，传统的煤烟型大气污染尚未得到全面控制，挥发性有机物、石化工业、机动车造成的细微颗粒物、光化学烟雾、臭氧污染等比较严重。西方国家数百年工业化进程中逐渐显现的大气污染问题，在我国集中出现，呈现出结构性、复合型、集聚型特点，且没有成熟的污染治理国际经验可供借鉴。

2015 年 11 月，环保部门首次在北京地区召开“京津冀环境执法与环境应急联动工作机制联席会议”，由此正式启动了“京津冀环境执法联动工作机制”，实现了三地环境保护的一体化，共同保护区域内的大气环境。北京市、天津市的环境保护局以及河北省环境保护厅协商建立了“联动工作机制”，成立了环境执法联动工作领导组织，同时下设办公室，统一领导组织开展三省（市）环境执法工作共同监察执法。这也标志着区域大气污染治理的执法协调机制在京津冀三地初步建立起来，执法协调机制的建立具有推动大气污染区域治理的关键作用，执法效果直接影响了大气污染的治理。建立大气污染区域治理的执法协调机制是区域经济、行政发展的必然结果，因而具有必要性，其必要性主要体现在以下几个方面。

首先，是区域经济一体化发展对制度的必然诉求。在不断改革中我国传统区域经济的纵向运行系统转化成了社会主义市场经济体制的横向运行系统，这种转化对推动我国生产力的发展起着巨大作用。区域经济圈的出现受益于区域经济一体化的发展，我国现有的三大经济一体化区域：长三角、珠三角、京津冀地区的经济总量在全国而言已经占到六成左右，[1] 客观地说，这三大经济

---

[1] 安虎森，等. 新区域经济学［M］. 沈阳：东北财经大学出版社，2015：86.

体成为我国经济全面增长的发动机。

区域经济的一体化，推动了各个地区间的人口、资源物资及信息的流动，使得不同区域间相互作用，促进地区的协调发展，同时也便于规范交通网布局，区域规划等重要项目。与此同时，资金劳动力的流动，信息技术的区际流转对地区的发展也发挥着巨大的作用。经济的一体化使得区域经济获得了迅速发展，当人们沉浸在享受经济成果的喜悦中时，在行政区划上似乎凸显出了一个问题，以长三角地区作为例子，上海和隶属江苏、浙江的15个地级以上城市都属于长江三角洲地区，但它们在行政区划上是各自独立的，分属不同省市，但随着经济的发展，它们之间形成了密切的区域经济体，这是在市场经济的语境之下产生的一种客观变化，这种变化不仅对经济发展提出了新要求，同时也对环境问题的行政管理提出了巨大挑战。在传统思维下，环境执法中“各扫门前雪”的模式已经严重不适宜于社会的发展，需要以经济一体化的思维来指导跨区环境执法工作，因为大气环境保护不仅仅是区域性的问题，同时也是复杂的系统工程，涉及多个行政区划的利益关系，自然是当地政府的使命和职责，同时，由于我国在大气污染治理领域之内的相关科研起步较晚，在该领域内的技术人员和专业人士相对匮乏，而且在资金扶持方面的力度还跟不上，所以加强区域间环境行政管理并提升执法合作空间，就成为成本最低的选择。

从实践来看，长期以来，我国大气环境执法的力度处于较低层次，主要原因有几个：一是机构问题。纵然我国已经建立了诸多环境执法机构，但是具体到基层而言，执法机构的数量还是非常少的，再到广大农村地区，环境执法的力度更是不足，这就导致了执法资源的匮乏。二是人员问题。长期以来我国环境执法人员的基本素质处于一个较低的水平线上，执法人员队伍需要更换，但这一周期太长，在短时间内难以实现。三是现状问题。虽然环境保护与经济发展之间存在一定的矛盾，但是对于这样的矛盾，某些地方处理欠妥。四是行政区划的问题。环境污染往往是跨区域性的，由于我国长期以来行政管理实行的是按区域管辖的原则，这就使得各个地方政府对于环境的治理多采取“各扫门前雪”的政策，这样很难有一个好的治理效果。由于经济的发展是不按行政区划的，经济发展又是流动的，在这种情况下各个地方政府还按照以往的思维来处理经济发展与环境保护之间的问题，是很难达到预期效果的。在经济一体化的大背景之下，对于大气污染需要各个地方政府联合在一起共同实施治理，这是区域经济一体化发展对制度建设的必然诉求。

其次，是区域环境行政执法的内在需要。中共十一届三中全会的召开标志着我国改革开放的开始。于是在 20 世纪 70 年代末期，我国的工业企业开始大规模上线运转，社会经济终于走上了正轨。此时全社会都需要一种力量来改变自身的状态，这种状态就很容易地转化到工作生产之中，随后的几年间，我国的经济开始复苏，工业生产的规模进一步扩大。当然，也不可避免地带来了一系列环境问题，如水污染、大气污染等。而环境问题关系到国民经济的发展，涉及生产和服务部门，可见环境污染的防治和自然资源的开发利用是经济发展中不可忽视的重要因素。我国的环境管理体制也可以看作是行政管理体制，这是一种以发挥政府的管理权为主要任务的管理机制，在维护社会稳定和促进经济发展方面发挥了重要的作用。环境的行政管理必然要在法治的轨道上运行，这也是实现环境法治的主要内容。环境的行政管理在我国体现为，为了协调环境与经济的关系，防止环境和生态遭到破坏，我国政府采取行政、法律等综合手段对影响经济发展的环境问题给予监管和治理。

以传统的行政管理体系为基础，我国的环境行政管理具有鲜明的中国特色。20 世纪 70 年代初官厅水库的污染事件，使我国环境行政管理体制发生了一些观念上的转变，这说明在区域经济一体化过程中我国的环境行政管理体制产生了对区域环境协调机制的制度诉求。2014 年修订的《环境保护法》第 20 条第 1 款确定了大气污染区域治理的基本方向，该条款规定："国家建立跨行政区域的重点区域、流域环境污染和生态破坏联合防治协调机制，实行统一规划、统一标准、统一监测、统一的防治措施。"但该条款过于笼统，并没有对区域间的协调执法作出具体规定，在一些环境资源保护单行法规中，同样缺少明确而具体的规定，然而以行政区划制度为基本界线，传统的原本作为整体的自然环境被人为分割，在某些区域内地方政府和相关部门之间出现了一些互相推诿的不良现象。

在环境保护方面，这种局限性表现得尤为突出，由于环境资源的生态整体性和系统性起决定性作用，而我们只能利用和适应自然规律却不能改变自然规律，由此可见，打破现行环境行政管理体制势在必行，因此，建立大气污染区域治理的执法协调机制是环境行政执法的内在需求。

二、美国与欧盟大气污染区域治理执法协调机制的经验借鉴

美国采取区域划定的方式划定大气污染治理区域，并在区域内建立相应的执行机构负责协调区域内大气污染治理事务，并收集大气污染的相关数据，协调各地区和州之间的关系；欧盟则以

国际条约形式来解决区域间政府合作治理大气污染的问题。美国与欧盟关于大气污染区域行政合作的制度对我国建立并完善大气污染区域治理的执法协调机制具有一定的借鉴意义。

1. 美国大气污染区域治理中的执法协调

（1）联邦政府对区域大气环境的管理。20世纪70年代，美国环保署开始意识到环境问题的恶化对人们的生活产生了重要影响，尤其是以雾霾和臭氧污染为代表的大气污染问题最为突出。因而美国有针对性地出台了一系列措施加强区域内的执法协调工作，主要有以下措施。

一是建立大气污染区域治理的执法协调机构。美国对于大气污染通过区域共同治理的方式来加强治理，主要是国会授权，由美国环境保护署建立了一个区域性的管理机构来对区域大气污染实施治理。最为典型的事例就是，在“二战”之后，美国为了尽快从“二战”的消耗中摆脱出来，开始在工业生产上加大投入力度，由此也拉开了美国大规模工业生产的序幕。首先是汽车工业的生产，美国开始在许多大城市建立汽车生产企业，而且还在底特律建立了汽车城，美国一跃成为世界汽车产业的中心，其销量占据世界的一半以上。其次是重工业。以军事、生产、科技、钢铁为主的重工业成为美国战后经济发展的主要产业，钢产业急速增加，在此基础上，美国也加大了能源开发的力度。再次是化学工业，在“二战”后的美国也得到了飞速发展，产能惊人。美国大规模发展工业，使其经济迅速恢复，并且成为主导世界的超级大国。当然美国经济飞速发展的同时也带来了一系列环境问题，其中之一便是光化学烟雾事件频频发生，仅以洛杉矶等城市群为例，光化学烟雾事件爆发的频率是令人震惊的。为控制该地区的大气污染，美国政府采取了各种各样的措施，地方政府也采取了一系列的常规机制均难以有效解决这些问题。为彻底控制加州南海岸区域的大气污染，1976 年美国建立了大气污染区域管理防控机制，作为实体的区域环境管理部门，有权制定和执行区域内有关环境保护的政策法令，同时有权实施与此相配套的计划、监控、技术改造等一系列手段，辅助政策法令的进行；同时，美国南海岸空气质量管理局还作为政策法令的监督机构，负责对相关措施实施状况、相关进展进行监督管理。随后，借助公众参与、信息公开、排污许可、检查监测等相关措施来治理当地的光化学污染，提高空气质量和空气能见度。此外，还在 1993 年制定了排污权交易政策。该政策取消原有对单个排污源的排污要求，取而代之的是规定一定时期内每个排污源和区域总体排污上限，这一政策的实施在大气污染治理方面取得了显著的成效，并且降低了治污成本。

二是建立臭氧区域管理执法协调机构。美国最早仅局限于对臭氧污染严重地域的某一个或几个重点污染源进行治理，没有取得明显的治理效果。随后，环境科学界逐渐意识到，将臭氧污染割裂为少数的污染点进行治理，无法应对臭氧的扩散和传输问题，难以取得治理效果。由此，科学界逐步将关注重点放在低层大气中的臭氧传输问题上，转变治理思路，在控制臭氧的传输路径和扩散范围的基础上，通过区域协同治理的方式解决臭氧污染治理问题。这一政策思路被 1990 年的《美国清洁空气法》修正案固定下来，该修正案在全国范围内划分若干臭氧污染传输区域，建立了臭氧传输委员会。该委员会作为管理机构，由美国环保署代表、各州行政长官以及主管空气污染控制的官员组成，其主要职责包括有关美国东北部的臭氧科学研究，掌握臭氧形成的原因、传输的路径、扩散的范围、造成的危害等问题，并基于研究结果提出适用于本区域的更加严格的氮氧化物和挥发性有机物控制措施，以达到防治臭氧污染的目标。经过两年的反复调查与试验，得出了各州的臭氧指标是否达标的结论报告，这一报告直接推动美国制氮氧化物执行计划法案（State Implementation Plan，SIP）的出台。

三是建立了谅解备忘录制度。签署谅解备忘录是臭氧污染传输区域（以下简称 OTR）内的各州对污染治理目标、形式、各州的承诺等达成一致意见的主要方式；然后由臭氧传输委员会向美国环保署提出申请，由美国环保署在 9 个月的时间内对该项申请进行审查，合格后方可获得批准。经美国环保署批准，各州会主动将这些措施纳入本州的执行计划中，并按照臭氧传输委员会制订的计划与措施严格执行。在过去的二十多年里，臭氧污染传输区域内的各州通过协同管理机制实施了统一的机动车排放标准，提出了针对包括便携式燃烧器、发动机维修与更新、建筑与工业涂装等在内的各类 VOCs 排放源的控制要求，并制定了严格的 OTR 消费品 VOCs 含量标准。此外，为减少区域内火力发电厂、集中供热的燃煤锅炉等大型燃烧源的 NO_x 排放，也提出了相应的要求和管理措施。其中，对能见度加以保护建立保护区域，实施专门管理。长久以来，对美国有重大意义的区域如自然保护区、国家公园等受到空气中细颗粒物（$PM_{2.5}$）的影响，面临能见度降低问题的困扰。为改变这一现状，具体措施是将雾霾的治理分为若干期次，第一期为五年，从 2003 年开始实施，到 2008 年结束，之后以每十年为一期在前一段的基础上不断改善目标。各州制定细颗粒物污染控制措施后，每五年向环保署提交能见度改善报告，十年后再重新评估和修订战略规划。各州雾霾控制规划的制定得到了中大西洋—东北部能见度联盟、中部区域空气规划联盟、中西部区域空气规划联盟、西部区域空气联盟以及空气董事财团等五个跨州规划组织的技术支持。除了臭氧和能见度传输区域，《美国清洁空气法》修正案还授权环保署针对其他区域环境污染问题建立相应的州际空气污染传输区域及其管理委员会。这些管理委员会负责跨州具体事务的执行，并且有权要求环保署在 18 个月内对环境治理情况给予说明。这种跨州的污染治理机制，对于在区域内的各州建立应对空气污染物排放、污染空气传输与扩散及相应影响等区域环境污染问题的同一标准和严格措施大有益处，但截至目前，美国环保署尚未行使该权力。❶ 科学有效的大气污染区域治理措施大幅削减了污染物排放，例如，美国 2002 年的大气中二氧化硫浓度较 1983 年同比下降 54%，硫酸盐沉降量下降了 30% 左右，氮氧化物排放量降低了 15%。为进一步控制臭氧、氮氧化物和细颗粒物污染，美国环保署于 2011 年实施了更为严格的《跨州大气污染规则》，该法案要求衣阿华州等 5 个州的氮氧化物削减应满足该法案的季节控制目标，并要求 28 个州以臭氧、氮氧化物和细颗粒物年度控制为目标的季节排放量需达到法定标准。由此可见，美国联邦政府在大气污染区域治理执法协调方面的措施还是比较多的，同时取得的成绩也是相当大的。

（2）各州政府对大气环境管理采取的区域行动。除美国环保署在联邦层面践行区域环境治理机制外，各州也在为改善区域空气质量方面积极努力。二者之间通过自愿组成区域协会的形式加强环境区域治理的合作，除此而外，还在美国环保署划分的 10 个区域的基础上组成了区域间计划组织。❷ 例如，美国东南部的八个

---

❶ 宁淼，孙亚梅，杨金田．国内外区域大气污染联防联控管理模式分析［J］．环境与可持续发展，2012（5）：8.

❷ 柴发合，李艳萍，乔琦，等．我国大气污染联防联控环境监管模式的战略转型［J］．环境保护，2013（5）：23.

州为能见度降低而成立了专门组织，起初所有成员都力图通过技术改进达成此目的，后来通过实践和研究的不断推进，一些组织也制定了相应的政策以推进计划进展。该组织对污染问题开展研究、评估和培训，并就能力建设问题提出政策建议，以期加强区域内各州之间的交流，实现大气环境的高效管理。

2. 欧盟大气污染区域治理中的执法协调

（1）签署国际条约促进大气污染区域协同执法。由于欧盟各个成员都是主权国家，所以欧盟各国之间通常通过国际条约的方式进行合作，即由具有主权的国家根据欧盟内部宪法的规定，订立区域大气污染治理的公约，以共同防治大气污染。在这种立法模式下，经过多方会谈，最终形成了《远程越界空气污染公约》。[1]该公约制定了将政策与科学研究结合在一起的制度框架，成为在制定相关法律和政策时所普遍接受的科学依据。

在《远程越界空气污染公约》之后，欧洲就减少大气污染物排放达成了一些新的协议。例如，索非亚协议是欧洲针对氮氧化物减排的一个里程碑式的协议，该协议要求在 1994 年之前所有的签署国不可以提高本国的氮氧化合物的排放总量。1991 年的日内瓦协议在减少挥发性有机化合物上有着重要的意义。值得一提的是，欧洲在大气污染治理的减排方面一般情况下是通过协议完成的，而这些协议本身都是松散式的，并没有强制措施或者具体的

---

[1] 《远程越界空气污染公约》是欧洲国家为控制、削减和防止远距离跨国界的空气污染而订立的区域性国际公约。1979 年 11 月 13 日在日内瓦通过，1983 年 3 月 6 日生效。公约规定，应通过资料交换、协商、研究和监测等手段，及时制订防治空气污染物的政策和策略；各缔约国就硫化物等主要空气污染物的控制技术、监测技术、对健康和环境的影响，社会经济评价以及传输机制的模型方面进行合作研究；在欧洲经济委员会环境高级顾问团内设立执行机构，以审查公约的执行情况。

实施措施加以约束，完全是通过当事国的信用来实施，这一点是非常值得我们学习和借鉴的。实际上各签约国都按照自己的承诺行事，也取得了相应的减排效果。除此之外，欧洲的这些减排协议都是以科学研究为基础。例如，1984 年，远程大气污染传输检测和评估合作计划在欧洲建立，运行机制如图 5－1 所示。

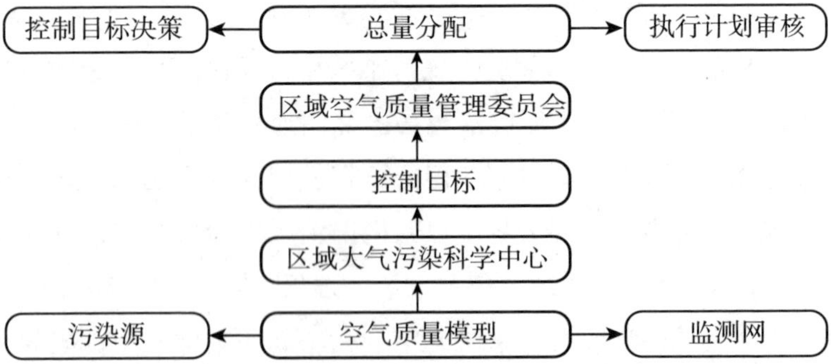

图 5－1　欧洲远程大气污染传输检测和评估合作计划运行机制

（2）制定法规推进区域大气污染区域协同执法。在欧盟中还有一种模式，就是通过立法来推进区域大气污染的协同执法，其方式主要涵盖了各种条约、计划、指令、决定等。落实欧洲环境行动规划主要靠这些法规的强制力来约束。自 1973 年以来，欧共体（欧盟前身）及欧盟一共制定了六个环境行动规划，这些行动规划不仅指导了在欧盟的各成员国之间进行环境协同管理行动，还是欧盟落实大气污染区域治理协调机制的主体法律框架。其中，在 2001 年提出的第六个环境行动规划对欧盟制定的空气质量方面提出了规划任务和相应的实施策略，但未赋予各成员国采取具体行动的义务，因此不具有法律层面的强制执行力。环境行动计划更多是欧盟成员国基于共同环境政策目标而得到的共识，所以必

须要进一步制定具体措施以实施环境行动规划。❶

目前，欧盟的大气污染区域治理主要以制定指令的方式来确保行动规划目标的实现，这些指令具体包括以下几类：❷ 一是环境空气质量方面的指令。即《关于大气环境质量与欧洲清洁大气的2008/50/EC 指令》。该指令是在实践基础上对已有的指令进行的实质性修订，清晰表明了欧盟分区域管理大气环境的意图，目的是使指令更清晰并提高大气环境管理效率。指令主要包括区域空气质量协调管理机制和大气污染协调控制机制两个方面。2008/50/EC 指令的第 4 条规定，成员国应在其领域内建立“区”和“块”，其中，成员国为了空气质量评价和管理而在本国领域内划分的若干部分给予“区”的定义，“块”是指人口大于 25 万的城市组合区域和人口虽然少于 25 万但人口密度达到成员国确定的一定人口密度的区域。例如，意大利包括了 2 个自治省和 19 个区作为空气质量评价与管理的机构，而且由其认定境内的区和块。环保部联同环境保护与技术服务局等对国家级的区、块展开评价、管理，省、市协同环境保护与技术服务局对地方层面的区、块进行评价。二是大气污染固定源排放方面的指令。三是易挥发有机化合物 VOCs 方面的指令。四是运输工具方面的指令。五是国家排放上限方面的指令。将上述大气污染区域治理方面的欧盟指令转为国内法是欧盟成员国的通常措施，借助国内法的具体措施来保障欧盟范围内的大气环境整体质量。比如意大利为贯彻落实欧盟的 96/62/EC 指令而颁布的指令就在业内非常值得称道。

---

❶ 冯百侠，王倩楠，陈金．发达国家大气污染联防联控的成功模式与启发［J］．河北联合大学学报：社会科学版，2013（4）：7.

❷ 常纪文．域外借鉴与本土创新的统一：关于《推进大气污染联防联控工作改善区域空气质量的指导意见》之解读（上）［J］．环境保护，2010（10）：10.

3. 美国与欧盟的经验总结及对我国的借鉴意义

从美国大气污染区域执法协调机制的实践来看，对跨区大气污染的执法协调主要有两个层面，即联邦政府协调和州政府之间的协调，而欧盟对于大气污染治理区域行政执法的协调方式则是采取制定法规的方式来实现，纵观美国与欧盟在大气污染区域执法协调机制方面的建设，主要有以下相同之处。

一是对大气环境治理的态度。无论是美国还是欧盟，对于大气污染的治理都认为政府的行政执法才是关键，而且对大气环境的治理不仅仅需要一州或者是一国的单独行政执法就可以实现的，需要将区域内的多个州或者多个成员国联合在一起共同行使行政执法权，才能够使大气环境得到治理。因此，无论是美国还是欧盟对于大气污染协同治理的态度都是积极的，并且都建立了相应的协调机制，以协调区域内各行政主体之间的关系。

二是对区域行政执法合作的认识。无论是美国还是欧盟，它们对该不该合作、该采取什么样的方式合作治理大气环境的认识是一致的，都认为只有政府间的合作，才能够最终将大气环境治理好，因此不论美国还是欧盟都采用了协商的方式来解决区域间行政执法问题，无论是美国州政府间的协商还是欧盟中成员国间的协商，从头到尾都贯彻了积极合作的原则，这一点值得我们学习。

三是区域行政执法合作的结果。无论是美国还是欧盟，对治理大气环境的区域执法合作都采取了相应的措施，其结果是一致的，都形成了鼓励和规范区域执法合作的法律机制，并且在实施的过程中都取得了良好的实际效果。

当然，由于美国是一个主权国家，而欧盟是由欧洲大部分主权国家相互信任、相互联合组成的一个实体，所以美国和欧盟在大气环境治理过程中的区域协同执法情况又表现出许多不同之处，主要体现在以下几点：一是主体不同。在美国区域执法协调可以由联邦政府作为实施主体确定，也可以由州政府协商确定，而欧盟则是由全体成员国通过协商来确定。二是强制力不同。相对而言，由于美国的区域执法协调可以由联邦政府负责，当然实施效力要略强于以协商方式协调区域行政执法的欧盟。三是实施效果不同。就实施效果而言，由于美国的实施力度加大，多行政主体的协同执法较为常见，因此效果比欧盟强。而欧盟由于各成员国在行政执法方面都有自身的考量，加之地缘政治的影响，使得欧盟各国之间的区域行政执法协作并不是非常充分，因此效果要比美国略差一些。但不管怎样，美国与欧盟在大气污染治理区域执法协调机制方面所做的贡献是积极的，也都取得了一定的成绩，其先进经验都值得我国学习和借鉴。

美国与欧盟在大气污染区域治理的执法协调机制方面的做法和经验对于我国建立大气污染区域治理的执法协调机制而言具有很强的借鉴意义，这些经验给我们的启示是非常多的，主要有以下几点：一是建立大气污染区域治理的执法协调机制具有现实必要性。由于大气污染具有跨区性的特点，而治理大气污染也需要多地政府部门联合治理才能够取得实效，从美国和欧盟的经验来看，通过协调区域内各行政执法主体之间的关系最终促成协同执法，是治理大气环境的一条可行性路径，因此，建立大气污染区域治理的执法协调机制具有现实必要性。二是实施大气污染区域治理的执法协调机制应当主要以协商方式来实现。通过美国和欧盟的实践来看，协调区域执法的主要方式是依靠协商来实现的，只有政府间相互谅解、相互包容并实现执法资源共享，才能够真正实现区域大气的整体治理。而在经济一体化发展的时代，合作已经成为社会主体处理问题的核心方式，因此大气污染区域治理的执法协调机制的运行方式应当以地方行政主体相互协商最终达成一致意见为主。三是大气污染区域治理的执法协调机制可以由国家强制力作为保障。从美国的经验我们可以看出，美国在治理大气环境过程中，协调区域行政执法的主体除了有州政府外还有联邦政府，而联邦政府协调各州之间行政管理的关系时，其强制力自然比较高。此种方式在我国也有较强的实践基础，因为我国在行政管理领域之内，素有请示上级的传统，凡自己不能解决的问题都会请示上级主管机关，由上级机关来确定解决方案，此种模式在大气污染区域治理的执法协调过程中也可以得到充分体现，凡是地方政府难以协商出结果的，可以请示上级政府，一般情况下是中央政府，由中央政府决定并赋予国家强制力，这样区域行政执法的协调就可以顺利实现。

综上所述，美国与欧洲在协调区域行政执法资源方面取得了不少经验，而这些经验与我国的实践相结合，也就能够形成具有中国特色的建立大气污染区域治理的执法协调机制，从这一角度来看，建立这样一个机制对于治理区域大气污染是非常有利的。

三、我国构建大气污染区域治理执法协调机制的实证分析

从总体来看，我国当下的大气污染治理模式带有浓厚的属地管理色彩，虽然部分经济带和城市群已经开始探索大气污染区域治理，但几个典型案例均属于以某项重大活动为契机而进行的集中的专项空气质量保障行动，因此需要形成一种长效机制来对大气污染区域治理的执法活动进行协调规范。

1. 我国大气污染区域治理执法活动

（1）我国大气污染防治执法合作的演变。我国早期的区域大

气污染治理的执法合作是对二氧化硫和酸雨控制区实行分区域管理，是我国治理大气污染跨行政区域的典型。国务院于 1998 年 1 月 12 日批准了“两控区”划分方案，并提出了具体的控制目标和应对措施。“两控区”内的 175 个地级市纷纷响应国务院的号召，分别制定了二氧化硫污染防治规划。随后，国务院又根据社会发展和国民经济“十五”计划纲要，批复了《“两控区”酸雨和二氧化硫“十五”计划》，并系统全面地提出“两控区”污染防治的目标、方案和保障措施。我国第一个大气污染防治跨行政区域协调机制是“9 +2”联席会议和秘书处（设在广东环保局），此机制是根据《泛珠三角区域环境保护合作协议》成立的。我国区域大气污染协调机制变革的初步尝试在这些机构中都有所体现，虽然这些机构大多是临时性或非常设性的，且在基本职能、运行机制等方面都存在一定的差异，但并不影响此次变革的重大意义。

随着经济社会的发展，目前区域大气污染的治理机制有很多不同的方式，纵观我国早期区域大气污染协调机制，主要形成了两种路径：一是设立相对松散的区域协调机构和常设执行部门，机构和部门的设立不能独自完成，需要借助牵头地区环境主管部门的力量。这种类型的机构采取的是召开会议的模式，并且会议的召开需要借助联席会议的力量。这种机构部门主要针对区域内相对突出的环境污染或共同关心的环境话题，并且不仅是简单的探讨，最终的目的还是实现对大气污染的防治。这种模式还有一种优点是，通过这个平台，专家、学者甚至民众都可以参与。二是成立具有一定行政管理职权的区域性组织管理机构，以北京奥运会组织的成立为主要标志。北京奥运会组织将京津冀区域内涉及大气环境管理的职权进行了集中配置，在不具备正式组织机构的前提下为了确保 2008 年北京奥运会的顺利举办而设立。这一组织的特点在于将权利先集中再配置，这些权力包括对大气环境的决策、执行和监督等，这种模式在很大程度上提高了处理环境问题的效率，也为目前与现实越来越贴合的治理模式奠定了基础。

两种路径的选择是基于背后存在的一定基础的政治和社会情势，在有共同背景的前提下也存在着以下三个不同点：一是选择的路径理念不同。主要体现在主体升级方面，这种升级紧紧围绕特定时期特定区域大气环境质量改善为目标导向，从一定意义上讲，出现的时间很短暂，但是，也算是我国大气污染协调机制变革的一次理念创新。二是体制变革的内容不同。三是选择的路径效果评价不同。北京奥运会组织能够在较短的时间内实现体制变革目标，这一目标的是在压力型体制和运动性治理双重效应下实现的，重要的是该组织集决策、执行和监督权力于一身。

总之，由于各方面的局限性，两种体制都或多或少地存在一些难以克服的困难。想要最大限度地实现大气污染的合理治理，就需要考虑将两种体制的优点相结合，借鉴优秀的案例建立合理有效的大气污染协调机制。

（2）我国区域大气污染防治协调机构的变革。2010 年，国务院为了行使包括区域大气污染防治在内的政策协调职能，批准成立了环境保护部际联席会议。2013—2014 年，我国在跨区域治理大气污染问题方面有新的发展。如 2013 年由北京等五省市和环境部等七部委联合成立的“京津冀及周边地区大气污染防治协作组织”，明确了区域协作的基本原则和工作制度。

从 2002 年到 2008 年，我国陆续在全国范围内成立了环保督查中心，这些环保督查中心代表环保部在地方履行环境监查职能，不仅具有较高的权威性，还具有超脱地方利益之外的独立性，可以在不受地方政府干预的情况下，督促地方政府和有关职能部门履行其环保责任，并为国家和地方环保部门提供执法支持。这六大环保督查中心标志着我国已初步构成了环保国家监察体系。但是需要注意的是，虽然督查中心的建设对于环境法制建设起到了积极的建设作用，然而不可忽视的是该督查中心的职能还有一定的限制，如区域环境规划、环境监测、环境准入标准等一些区域大气环境治理体系所需要的关键职权，并没有赋予各大环保督查中心。对于大气污染区域治理而言，比较有代表性的做法还有区域重大协调执法实践活动，如北京奥运会和北京 APEC 会议期间采取的大型空气质量保障行动。这些实战演练具有奠基性的作用，在短期内改善了区域空气质量，有效缓解了区域大气污染问题，为今后大气污染的防治起到了表率作用。主要措施包括了统一规划部署和统一监测预警等。[1] 例如，位于我国长江三角洲地区的上海，经济规模和经济总量远超国内其他地区且有很大的发展优势。同时该地区也是我国人口密度较高、能源消费紧张、区域复合型大气污染较为严重的地区之一。为向世界全方面展示中国改革开放以来所取得的成就以及最大限度地保障上海世博会期间的空气质量，上海全力做好机动车环保标志管理，继续加快老、旧黄标车淘汰进程和推进加油站油气回收工作，加大工业污染防治力度，并且实施可实现监测数据实时共享，其原理是依托现有的空气质量监测平台，加大管理力度，及时对突发情况进行有效高速的处理。上海世博会举办前后，在长三角区域空气质量预警联动系统的支撑下，在上海市及其周边区域启动 5 次预警联动，大气污染物被有效地清除，使得世博期间上海的空气质量明显好转。预警联动中清除大气污染的措施都是针对具体情况有针对性地实施的，

---

[1] 柴发合，云雅如，王淑兰．关于我国落实区域大气污染联防联控机制的深入思考［J］．环境与可持续发展，2013（4）：5－9．

在不浪费有效资源的基础上在世博期间还上海一片蓝天，最终全程确保了上海世博会期间空气质量目标的实现。当然这与统一执法严格执法是不可分离的。为保障 APEC 会议期间北京市的空气质量，京津冀三地做出了巨大贡献，尤其是河北地区临时关停了一些生产性企业，对于机动车而言，京津冀三地同步限行；其他省区市也采取了相应措施。APEC 会议期间，北京市细颗粒物、挥发性有机物、二氧化硫和氮氧化物的排放量与上一年同期相比分别减排了 63%、35%、54% 和 41%，各项污染物浓度均创 5 年来的同期最低水平。与 2013 年同期相比，联合减排措施不仅使 APEC 期间的北京 $PM_{2.5}$ 日均浓度下降 30% 以上，也使周边地区的大气污染物总量大幅降低。❶

纵观主要措施，包含了以下内容：第一，顶层设计，科学指导。APEC 会议期间，专家团队对大气重污染进行监测与研究，并准确地预测了其污染过程，极大地促进了污染防治预防工作。第二，政府主导，部门联合。为做好 APEC 会议期间的空气质量保障工作，北京及周边省区市政府考虑到地区的差异性，结合自身实际情况，分别制定了有针对性的空气质量保障实施方案，制定了各地区大气污染防治项目清单，明确了各相关行政部门的工作。各行政部门也根据相关指示，制定出具体实施方案，做到分工明确、各司其职、协调统一。如市政、国土、园林及水务等部门针对各类施工工地，公安、交管等部门针对机动车，农业、市容及城管等部门针对秸秆焚烧、垃圾焚烧和露天烧烤等，将具体防治举措贯彻落实。同时，各地环保部门不断加强实时监测、提供预

❶ 乌梦达，倪元锦．北京 APEC 蓝数据：污染物同比降一半．车速升一半［EB/OL］．［2014－11－13］．http：//news.sina.com.cn/c/2014－11－13/185231140046.shtml.

警、信息共享和专业技术。第三，全面部署，统筹兼顾。据统计，区域传输在北京的 $PM_{2.5}$ 污染来源中占了28% ~36%❶。APEC 会议期间，北京市担当起了保障空气质量的重任，周边省区市政府和相关职能部门也积极配合和通力合作，最终确保了《保障方案》落实到位。天津、河北和山东为此作出了一系列的努力，其部分城市根据《保障方案》，在将停工工地和停限产企业的范围扩大的同时，对高污染物质的排放加以严格的控制，启动一级应急响应预案。以太原为代表的山西五城市及时启动了一级应急减排措施。第四，加强监管，严格执法。APEC 会议期间，各地执法部门均各司其职，以"全覆盖、明责任、严执法、零容忍、重实效"的原则，严格执法的态度，调动大量的工作人员投入防治工作中，提高空气质量保障水平。第五，公众参与，共同行动。工作的良好开展必须依靠公众的力量，APEC 会议期间，各地政府通过多种途径积极宣传，让公众了解和熟悉《保障方案》，实时公布空气质量监测数据，提前发布调休和机动车限行通知，及时曝光违法企业的排污行为和处理情况，引导社会公众积极参与保障工作。公众参与热情高，发挥了很大的作用。网民也很活跃，各种社交平台一度被蓝天照片和相关新闻刷屏，"APEC 蓝"一度成为网络热词，这对保障 APEC 会议期间北京的空气质量起到了促进作用。

2. 我国以往大气污染区域治理执法协调的实践探索

从我国大气污染区域治理协调执法的实践来看，主要表现为以下几个特点。

---

❶ 乌梦达，倪元锦．北京 APEC 蓝数据：污染物同比降一半．车速升一半［EB/OL］．［2014 - 11 - 13］．http：//news. sina. com. cn/c/2014 - 11 - 13/185231140046. shtml.

一是缺乏明确的执法协调制度作为执法依据。从总体来看，我国当下的大气污染治理模式仍带有一定的属地管理色彩，区域行政协调机制缺位。实践中，虽然各地区在环境行政执法的过程中也产生了一些联合执法的案例，但是这些区域间的联合执法案例仅限于对具体事件的解决，即所谓的“特事特办”，纵然有的地方在区域环境联合执法的问题上采取了制度化的形式来加以约束，通常情况下最为常见的制度就是联席会议制度，❶ 当然这种制度也是解决具体事件的一种工作机制，并没有形成真正意义上的区域执法协调机制，当然就大气污染区域治理而言，专门性的执法协调机制尚未正式建立起来。因此，对于协调大气污染区域治理的执法活动，尚没有真正意义上的法律依据可以遵循，这也是目前区域内各地方政府对大气污染治理活动难以达到协调共治状态的一个最主要的原因。

二是合作方式上采取集中的专项执法。一般情况下下级行政机关会根据上级行政机关的工作部署，分阶段对某些领域采取专项执法活动，这种专项执法活动可以称为集中的专项执法。❷ 这种集中的专项执法的最基本特点就是在专项活动的时间期限内行政违法的现象会大幅降低，但是专项执法活动结束后，此类行政违法现象又会卷土重来，而且很有可能产生报复性反弹，执法效果并不理想。值得一提的是，集中的专项执法在各行政执法领域内时有发生，在环境执法领域之内表现得更为明显，因为很多情况下环境执法会受季节性的影响较大，例如，对河流水质污染的执

❶ 河北马倍战律师事务所．环境行政执法精要［M］．北京：中国环境出版社，2015：174．

❷ 唐明良．环评行政程序的法理与技术：风险社会中决策理性的形成过程［M］．北京：社会科学文献出版社，2012：59．

法，不能在冬季进行，因此环境执法采取集中的专项执法的概率相对而言还是比较大的。就大气污染的区域治理而言，虽然部分经济带和城市群已经开始探索大气污染区域治理，但几个典型案例均属于以某项重大活动为契机而进行的集中的专项空气质量保障行动，当中一些值得借鉴和推广的措施和经验并没有固化下来，更没有形成一种长效机制。

三是跨省行政执法协作经验较少。我国跨区联合行政执法的活动在实践中，是比较常见的，但是基本上以基层为单位，一般而言，是相邻的几个县之间的联合执法现象比较多，再大范围的行政联合执法活动比较少见。但是随着社会经济的发展，我国许多地区如长三角、珠三角、京津冀等地区的经济依存度越来越高。例如，珠三角地区经济一体化程度比较高，该地区对区域大气污染治理机制进行了创新，初步确立了区域内各地方政府对大气污染负有“共同但有区别的责任”，并在互信互惠的基础上实现了区域大气污染协商治理。[1]“协商治理”，是指区域内的各地方政府为了共同防治区域大气污染、改善区域空气质量、提高区域综合竞争能力而实行的一种新型大气污染治理模式。相比传统的“属地管理模式”，协商治理模式具有协商统筹、权责对等、责任共担等特点；相比单独设置跨行政区管理机构的大气污染治理模式，协商治理模式具有制度成本低、短期内即可操作的优势，符合现阶段我国国情。值得注意的是，虽然珠三角地区已初步建立起统一规划、区域协调、合力协作的大气污染治理机制，但珠三角地区只涉及广东省的九个地级市，相比长三角和京津冀地区，其牵涉的行政层次较少且不涉及跨省问题，大气污染治理框架实施起来

[1] 张军. 法律经济学分析：珠三角生态恢复与环境利益保护［M］. 北京：人民出版社，2013：129.

较为容易，无须考虑谁对跨省大气污染问题负责、谁来协调和监督跨省大气污染问题等。由此可以看出，我国目前跨省的行政执法经验相对而言是比较少的。

3. 京津冀协同发展背景下大气污染治理区域执法协调的突破

自从2014年京津冀协同发展被确立为国家重大发展战略之后，党中央、国务院对此高度重视，并于2014年8月由国务院成立了京津冀协同发展领导小组办公室，专门负责对京津冀地区空间开发利用，国土资源规划，产业经济协同发展，生态环境治理等问题进行总体性协调安排。京津冀协同发展领导小组办公室的成立，是协调京津冀地区政府行政资源的一次重大尝试，而且该种尝试并非“就事论事”“特事特办”式的具体措施，而是从制度上建立了一种长效机制，用制度的形式来协调京津冀地区行政执法资源的配置，对于大气污染区域治理具有突破意义。当然，京津冀协同发展领导小组办公室的成立在实践中也发挥了极大的作用，2015年12月，在京津冀协同发展领导小组办公室的指导下，京津冀三地政府环保部门联合在一起共同召开会议，协商京津冀三地环境行政联合执法的问题，最终建立了“京津冀环境执法联动工作机制”，共同成立了京津冀环境执法联动工作领导小组，并制定了定期会商、联动执法、联合检查、重点案件联合督察和信息共享5项工作制度。[1] 由此可以看出，大气污染区域治理的执法协调机制在实践中已经有了雏形，并具有突破性的实践，相信这些经验对进一步完善大气污染区域治理的执法协调机制具有建设性意义。

4. 建立大气污染区域治理执法协调机制需要排除的困难

从目前我国环境行政执法的现状来看，建立大气污染区域治

[1] 余荣华. 京津冀环境执法联动工作机制启动［N］. 人民日报，2015－11－28（3）.

理的执法协调机制尚存在一些困难需要我们去克服，这些困难集中表现为以下几个方面。

一是对区域大气污染治理理念尚未形成统一认识。随着近年来大气污染问题的不断升温，上到中央下到地方对治理大气污染的重视程度也明显提高，在实践中成立了各种各样的关于治理大气污染的机构和组织，其中之一就是大气污染防治协调组织，随着这样的组织相继成立，区域治理协调措施的改善将会到达一个相应的高度。❶ 在实施区域共同治理的时候，我们也应当认识到当前各种协调组织在实施过程中依然存在协调治理目标不合理的不足。一直以来，大气污染物总量控制和减排被认为是大气污染治理的主要目标。总量减排目标和计划通过中央政府制定后，各地方政府则把量化责任任务的实现作为重点以期能通过减排责任的考核。为了使环境得到高效改善，政府把焦点放在了纠正科层治理逻辑的偏差和治理操作中的减排目标。从而导致公众对大气治理状况的实际感受与新闻报道中的环境治理成效如提前完成的减排目标和数字，优秀的减排责任考核等存在一定的差异。该协调机制在改革中依然以主要污染物总量控制及减排的目标为导向，并没有回应上述问题。公众的健康有赖于良好的空气环境，应该把地方政府的关注从主要污染物总量控制和减排转移到大气环境质量的改善，使协调机制的转变目标更加高远，它应是以存量变革为主导，增量与存量变革相结合的重大变革。需要不仅从形式上，而且在结构功能上实现量变与质变的有机结合。这样的变革和调整属于大势所趋、不可规避。❷

---

❶ 王清军．区域大气污染治理体制：变革与发展［J］．武汉大学学报：哲学社会科学版，2016（1）：127．

❷ 范俊玉．政治学视阈中的生态环境治理研究［D］．苏州：苏州大学，2010：67．

二是合作措施不完善。首先，我国大气污染治理区域内的各项标准不尽一致。例如，在机动车尾气排放标准方面，分为“国五标准”和“国四标准”，而在京津冀地区，三地分别实施不同的标准，由此导致污染治理的成效不佳；❶ 再如，长三角地区各城市的污染物治理标准也存在差异，在经济发达地区如上海、江苏等重点治理 $PM_{2.5}$时，安徽却只对 PM_{10}进行治理，导致该区域内大气治理的进程缓慢。其次，区域空气质量监测存在问题。公众对环境治理效果的实际感受与空气质量监测结果存在很大差异是最典型的问题。这种较大的差异降低了公众对区域空气质量监测结果的信任，进一步使大气污染治理机制的有效性受到怀疑，最终导致该机制被撤销。最后，集中的专项执法难以持续。

三是信息共享和预警标准不健全。环境治理，尤其是大气污染区域间的联防联控应当建立在科学全面的环境信息基础之上。但从目前看来，在大气污染区域治理机制方面信息共享平台是我国依旧缺乏的。

四是框架协议缺乏约束力。大气污染区域治理法律协调机制实施过程中最关键的部分是签署具有区域行政协议性质的区域框架协议。当下，由于我国区域行政协议本身的性质与效力，缺乏有效的法律约束方式，使得大气污染区域治理协作机制在以后的操作中可能会存在障碍。

五是缺乏区域利益平衡措施。从我国大气污染区域治理的执行实践，并从治理机制长效运行考虑，就现有大气污染区域治理执法协调机制规则以及执行情况来看，已经或可能出现以下三个方面的问题：首先，缺乏协调“统一管理与部门管理”的利益措

❶ 尹卫国. 联防联控关键要齐步走［N］. 中国环境报，2014-04-25（1）.

施。对统管部门来说，增强其监管职责可以依靠协调组织机制来完成，但这一机制顺利执行的前提是以分管部门为主体的协调组织对其在大气污染治理中的法定职责必须明确。而目前没能实现对统分权责的明确规范、科学配置，由此在现实操作中难免会出现“协而不调”的情况。其次，缺乏协调“部门管理与属地管理”的利益措施。由中央和地方共同组成的协调组织在实行大气污染协调治理制度中，涉及中央与地方之间的事权和财权的调整。当前，相应事权财权还未全部明确。最后，缺乏协调治理受环境污染影响的地区内部关系的措施。除平衡协调机制内部各成员之间的关系外，治理区域内，各地方在经济发展程度、大气污染程度等方面也存在着差异性。为落实大气污染协调机制、实现区域空气质量的整体改善，区域内靠重工业拉动经济发展的城市必然会失去一些机会。即大气污染区域治理法律机制的落实可能会使地区内落后的城市承担的环境治理责任较重，为了弥补此种问题导致的缺陷需要制定相应的利益平衡措施。现有的大气污染治理制度缺少相应的利益平衡措施，导致区域内各城市参与大气污染区域协调治理的热情与力度受限。

六是资金来源无保障。我国没有从法律层面上对大气污染区域治理的资金来源和配套保障进行规定。大气污染区域治理工作中的区域监测、调查评估、预警预报等阶段投入的人力物力以及对专业人员的培训、对设备的维护等需要大量的资金投入。可以说大气污染区域治理工作的每个阶段都离不开资金的投入。大气污染区域治理工作资金是由中央政府下拨还是由地方政府承担，区域内各地政府是均摊出资还是比例出资，这些问题在我国现有的法律法规、政策文件中并没有给出具有针对性的回答。由此，区域内个别地方政府应对大气污染区域治理的态度消极，缺乏热情。

从上述六个方面来看，在现行法律制度和大气污染治理的大背景之下，建立大气污染区域治理的执法协调机制尚存在一定的困难，只有解决了这些困难，大气污染区域治理的执法协调机制的建设以及运行才能够趋向成熟。

四、完善我国大气污染区域治理执法协调机制的建议

1. 完善大气污染区域合作措施

由于我国大气污染区域治理的执法协调机制在某些地方会出现这样那样的问题，针对这些问题可以采取以下措施：一是逐步统一区域内的各项环境质量标准，尤其是大气污染物治理标准和机动车尾气的排放执行标准。区域内的各个地方在经济发展的规模、大气污染的具体情况以及治理大气污染的水平等方面存在着一定的客观差异，虽然强制要求区域内的各行政单元指标都达标有些难度，因为有的行政主体本身就会存在这样或者那样的问题，但是环境的改善往往取决于区域内的短板。所以，欲要提升区域的整体空气质量，就不得不暂时地牺牲掉一部分利益，而这部分利益可以通过区域生态补偿机制予以弥补，以实现实质的区域公平。二是需要建立相应的激励机制来鼓励地方支付在治理大气污染过程中动力不足的问题。具体的激励措施可表现在以下三个方面。

首先，制订激励机制提升政府治理大气污染的动力。中央政府和区域大气治理管理机构应制定相应的激励政策，鼓励地方发挥创造性。例如，中央政府可将空气质量优等天数、空气严重污染的情况与治理情况列入对地方业务考核的重要指标之一。区域管理机构可编制针对区域内各地方大气污染治理成效表，由各地区根据自身特点作出相应承诺，并经管理机构核实在表格中记载，

最后对该地区的治理目标与实际治理结果差距作出评价。同时将地方考核的结果和财政支持、项目扶持、地方城市建设联系起来，以此督促地方将大气污染治理、环境保护作为地方综合协调发展的重要组成部分予以考虑。同时还可以将传统意义上中央和地方的二元治理模式加以改变，将新环保技术实施的难度作为标准，以此方式来解决中央和地方在政策执行时出现的摩擦难题。其次，对地方的各个职能部门进行政策激励。横向上，区域协作机制成员间在区域管理机构的组织下，通过协商、谈判，形成具体的大气污染治理合作计划、帮扶计划或者单项承诺。对各成员内部环境部门职权，应当明确各部门的权责界限，整合部门职权，避免出现“权力真空”地带。纵向上，吸纳各地方主管负责人作为区域大气治理机构成员，加强区域大气治理机构对各地环境保护部门的垂直领导，同时扩大大气污染防治行动计划的辐射范围，将能源、税务、交通等部门纳入该计划中来，化解部门间信息不对称的困境。最后，对各级环保职能部门负责人和行政人员进行激励，改变传统的政绩观，将大气污染治理评价标准纳入官员的政绩考核之中，对于考核不合格的官员实施一票否决，并且在一定期限内不得再提拔使用。❶ 只有完善了其余措施，大气污染区域治理协调机制的实施才能够运行顺畅。

2. 健全区域联合信息共享与安全预警机制

区域大气污染联合治理中比较重要的一个问题是资源信息共享的问题，因为从经济学角度来讲，在信息不对称的情况下，非常容易引发环境治理参与主体的逆向选择，从而造成道德风险，

---

❶ 贺璇，等. 京津冀大气污染治理模式演进：构建一种可持续合作机制［J］. 东北大学学报：社会科学版，2016（1）：60.

而这一风险对于治理大气污染而言是极为不利的。所以应当建立信息共享机制，使每一参与治理的主体都能够根据公开的信息来决定自身的决策行为。与此同时，在建立了信息共享机制后，还应当对该信息所可能产生的利益进行评估，并且要建立相应的安全防范机制，以防信息被恶意利用。因此要建立安全预警机制，安全预警可以分为若干等级，每个等级所对应的具体限值则交给区域来统一协商确定。其次，应当设置专门的区域内大气污染信息共享平台，来确保区域预警和应急联动及时开展。区域信息共享平台应及时共享区域内各地方的空气监测实时数据、各地防治信息、重点企业污染情况等内容，让区域内各地方政府机构能够根据现实情况及时推进大气污染协调治理对策 。❶

3. 建立区域生态补偿机制平衡区域利益

从污染治理的区域协作政策执行角度来看，区域内各行政主体的经济发展状况不一样，也不可能一样，物力与财力都可能相差甚远。因此，大气污染区域治理协调机制离不开区域利益平衡措施这一基础保障，其一方面是保障区域实质公平的重要调整手段，另一方面也是大气污染区域治理协调机制能够长效推行的重要保障。现阶段在大气污染区域治理协调机制中引入生态补偿机制，是平衡区域内各方利益的有效措施。❷

大气污染区域治理生态补偿的内容非常广泛，从治理的角度来看，治理主体需要符合以下几个条件：一是本地区因大气污染区域治理协调机制而主要获益；二是为区域内经济较发达的地区；

---

❶ 曹锦秋，吕程．联防联控：跨行政区域大气污染防治的法律机制［J］．辽宁大学学报：哲学社会科学版，2014（6）：39.

❷ 丁四保，王昱．区域生态补偿的基础理论与实践问题研究［M］．北京：科学出版社社，2010：138.

三是本地区承担的区域空气质量改善责任不重。大气污染区域治理生态补偿的客体即大气污染区域治理工作中的贡献者，其与生态补偿主体相对应，一般亦需同时满足三个条件：一是本地区因大气污染区域治理协调机制而在经济负担方面承受过多压力；二是为区域内经济不太发达的地区；三是承担的区域空气质量改善责任较为严重的地区。如京津冀一体化的河北地区，从 2012 年的数据可以看出，河北省的全省 GDP 总量在全国而言比较靠前，处于第六的位置，但是排污总量却处于全国第一，与此同时全省将近 2/5 的县仍处于贫困县。面对这样的基本情况，如果不对河北省给予一定的经济补偿，那么河北将根本无力承担区域内大气污染减排的责任，京津冀区域的大气污染区域治理机制也很难长期推行下去。要实施生态补偿，还应当在操作制度上确立相应的制度予以配套。

对大气污染区域治理生态补偿资金至少有两个解决思路：一是进行横向财政转移支付；二是设立大气污染区域治理生态补偿基金。具体来说，以京津冀为例，一方面，北京、天津可通过横向财政转移支付方式实现对河北的生态补偿；另一方面，区域整体空气质量的改善不仅有益于该区域，而且也有益于国家整个的生态战略的实施。除此之外，还可以考虑运用环境保险、企业污染税等方式，通过各类渠道扩容资金并保证资金的长期供给。除了资金的扩容，专项资金的运作体制对于生态补偿制度的运行尤为重要。在这一问题上，各区域大气污染治理管理委员会应当承担相应的监管职责，此外应当设置相应的制度，规范委员会对于资金的行使。如对于补偿标准如何认定问题，应当规定必须经独立的第三方或专门的精算机构加以充分研究，得出精算报告，并将报告予以公告。在一定的条件下，还可以吸收公众的参与，组织听证会或报告会，接受民众的监督。综上，建立区域生态补偿机制有利于大气污染区域行政执法的协调。

4. 引入“区域限批”作为大气污染区域治理的约束制度

“区域限批”制度是《环境保护法》中新增加的制度，该项制度的基本含义是当环境区域内出现了生产企业有危害环境并且环境容量已经超标时，这时环境主管部门应当对区域内的所有项目限制批准。[1]“区域限批”制度从其表现措施来看，主要是一种限制性的措施，目的是使环境污染量不再增加，与此同时“区域限批”也是一种具有惩罚性的措施，俗话说“城门失火殃及池鱼”，这就要求在“区域限批”制度的大背景之下所有企业应当遵守环境保护法律法规，将超标排放行为遏制在摇篮之中。对于大气污染而言，依然可以采取“区域限批”的措施来对区域之内的大气污染物排放的行为加以限制。只不过在“区域限批”实施时需要注意以下问题：一是限制的事由。应当事先由法律规范给予明确的规定，以保证大气污染区域治理的各行政主体能够准确适用法律。二是限制的标准。即达到什么样的程度才可以限制审批，这也需要法律给予明确，不能让行政主体的自由裁量空间过大。三是限制的时间。对于限制时间而言，不应当是无限期的，应当有一定期限限制，当然这里所说的期限不一定必须是时间，可以以环境改善为标准，如果达到了环境改善标准，则可以解除审批限制。四是实施机构。即由谁来实施、在什么范围之内实施都需要法律文件给予界定，尤其是跨区的限制更是一个有待明确的问题。

总之，“区域限批”措施的实施对于大气污染区域治理而言具

---

[1] 朴光洙. 环境法与环境执法［M］. 3 版. 北京：科学出版社，2015：157.

有一定的积极意义，但是该项制度涉及限制企业的自由经营问题，所以使用起来一定要谨慎，必须严格按照法律程序来行使，不能超越法律的范畴来行使权利，只有依照程序来行使权利，才能够使行政权过度干预市场运行现象的发生得到消减。综上，“区域限批”可以作为大气污染区域治理执法协调机制的约束性机制，对于完善我国大气污染区域治理执法协调机制而言，是具有积极意义的辅助性制度，但是毕竟“区域限批”制度的实施是对市场行为的破坏，应当谨慎使用，只有在确有必要时，才可以使用，这样就可以避免行政权力被滥用的情况发生。

CHAPTER 06 >>

第六章

大气污染区域治理司法协作机制

司法协助，是国际法上的概念，是国家间根据某一国当局的请求而履行的司法方面的国家协助行为。一国法院请求他国法院协助一定的诉讼行为，称为司法委托；被请求国的法院按照请求协助履行该诉讼行为，称为司法协助。[1]《中华人民共和国民事诉讼法》（以下简称《民事诉讼法》）第四编“涉外民事诉讼程序的特别规定”第二十七章专门规定了司法协助的内容。借鉴司法协助的概念，我国学者提出了司法协作的概念。“司法协作，是指不同地区的人民法院之间为了发挥人民法院的整体职能而建立的一种合作关系。”“各个人民法院从其组织系统上看，其管辖范围和其所在的行政区划是一致的，各个人民法院分工负责，在其辖区行使审判权，但是从民事诉讼法的有关管辖的规定看，

---

[1] 百度百科，司法协助词条。

人民法院所管辖的人和事又往往超过自己的辖区。所以客观上要求各个人民法院在行使审判权的时候，有必要互相配合、互相协作。”❶ 在现行制度框架内，区域间的司法协作是必要的，它是维护法治统一、提高司法效率、解决环境立案难的必然选择。

一、大气污染区域治理司法协作机制的内涵

1. 区域司法协作的研究范围界定

长期以来，我国环境司法的发展远不及民商事审判以及刑事审判的发展速度，在环境审判过程中经常出现的问题是立案难、执行难、审判阻力大等，❷ 这些问题是制约环境审判顺利进行的关键。

当然实践中这些困难也仅仅是单一行政管辖区域范围内发生的环境纠纷案件面临的困难，如果要将环境纠纷放大至跨县的程度，那么环境司法的难度将急剧增加，倘若环境纠纷达到了跨市、甚至是跨省的程度，司法解决的难度将是巨大的，而这样的问题并不是仅停留在理论探讨的层面，实践中跨市、跨省的环境纠纷是经常发生的。例如，江河流域的水污染问题，往往不仅是一省、一市的问题，会涉及多个省份，在这种情况下的环境纠纷由于具有跨省性的特征，解决起来异常艰难。同理，像大气污染这样以跨区损害为基本特征的环境损害现象，很明显必然需要跨区司法机制的协作才能够彻底解决。然而，从以往的司法实践来看，我国解决跨省、市环境纠纷的经验较为少见，但是随着近年来大气污染治理的话题在学术界迅速升温，很多学者提出了关于跨区大气污染纠纷如何解决的问题，而这样的问题恰恰是在治理区域大

---

❶ 张发祥. 司法协作关系浅议 [J]. 现代法学，1993 (6): 78.

❷ 韩德强. 环境司法审判区域性理论与实践探索 [M]. 北京: 中国环境出版社，2015: 68.

气污染过程中所必须面对的，只有在现行的法律框架之下建立相应的区域司法协作机制，才能够解决区域大气污染所面临的跨区环境纠纷。在这样的大背景之下，实现环境纠纷的区域司法协作不仅仅是解决跨行政区司法权之间相互配合的问题，同时也是大气污染区域治理的一个不可或缺的环节。

区域大气环境的治理不仅需要立法机关和行政执法部门的参与，同时也需要司法机关的参与，只有在立法、执法、司法部门共同参与下，大气污染区域治理的立体化网络才算真正建成，对大气污染的治理才不会留死角，因此建立大气污染环境纠纷区域司法协作机制具有现实必要性。

主要体现在以下几个方面：一是维护法治统一的需要。在一个法域内进行司法协作，表面上看法治统一没有问题，但是我国各行政区都有自身的管辖范围，各主体之间缺乏统一的市场共同体观念、区域协调观念和机制，孤立、片面地看待发展问题，某些地方在立法上有可能形成各自为政的地方保护主义，而在司法领域有可能错误选择适用法律以保护本地的经济利益；对基于相同的法律事实和法律规范，判决的结果却出入较大等。[1] 不仅如此，在某些地方即便是同一审判机关遇到同类环境损害案件，在适用法律和判决结果方面也会有所区别。这些现象都说明目前我国的法制状态还需要进一步改革，改革的一个方向就是采取区域司法协作方式，即不同地区的审判组织联合在一起制定在区域之内通用的规则和审判标准，这样就可以在一定程度上避免同案不同判的现象，从宏观层面来讲，对我国法治进程也能够起到推动作用，因而大气污染区域司法协作机制的建立是十分有必要的。

---

[1] 王彦昕，周云．生态文明下的环境资源法治建设［M］．北京：中国人民公安大学出版社，2010：152.

二是维护司法秩序的需要。司法秩序是司法所追求的主题之一，从法理学的角度来看，秩序是指能够维护法律正常运转的一种状态。❶ 法律秩序可以分为两种状态，即静态和动态两类，静态秩序是指法律在调整社会关系的过程中，以一种静态调整的方式追求社会关系稳定的状态，多表现为法律对权利的确认等，例如，物权法中对所有权的确认就属于一种静态调整模式，而在生活中所有权关系就形成了一种静态秩序，法律制度建立了物权规则后，每个人都尊重他人的所有权，这样社会就是有秩序的，否则如果每个人都不尊重他人的所有权，那么社会将变成一个弱肉强食的社会。动态秩序是法律关系运行过程中所调整的动态社会关系，其结果也是动态的，绝大多数情况下法律关系的调整都是动态的。❷ 但无论是动态秩序还是静态秩序，法律关系所追求的状态最终可以用均衡来形容，均衡在物理学中是指已经静止状态或者匀速运动状态，同理，法律的秩序也可以用这样的思维来理解。具体到大气污染治理领域，区域间司法机关在处理大气污染法律纠纷的时候往往需要按照一定的标准来处理，做到一视同仁、不偏不倚，公平公正地对待每一起案件，这样才能够形成一种秩序，这种秩序会促使每个人都能够对司法产生信心。而区域协作通过协议的方式有效地解决了区域内各不同司法主体标准不一导致的秩序混乱问题，因此，大气污染区域治理司法协助机制可以维护司法秩序。

三是提高司法效率的需要。在法经济学中，认为司法效率是司法收益司法成本之间的比值，因而要提升司法效率会有两个方

---

❶ 莫里斯·奥里乌. 法源：权力、秩序和自由［M］. 鲁仁，译. 北京：商务印书馆，2015：86.

❷ 布赖恩·比克斯. 法理学：理论与语境［M］. 4 版. 邱昭继，译. 北京：法律出版社，2008：195.

向，要么提升司法收益，要么降低司法成本，这两种方法都能够起到殊途同归的效果。[1] 根据法经济学的基本原理，边际收益具有递减规则，司法收益不可能无限增加，因而在实践中对司法效率的提升多是以减少司法成本的方式来实现的。对于大气污染治理而言，区域内的不同司法主体由于各自为政，所以区域整体司法运行的成本过高，而此时司法收益的总量又不可能增加，司法效率必然不会太高。而区域司法协作，可以在不提高司法收益或者适当提高司法收益的前提下实现司法成本的降低，因而是有效率的。由此可见，区域司法协助可以提高司法效率。

四是缓解环境纠纷立案难的需要。一方面我国长久以来司法管辖区域与行政区域完全一致而生态环境与环境污染的分布有其自身的整体性和流域性的内在规律，如果完全按行政区域划分的司法管辖区进行环境司法保护，则会造成“力不从心”的局面，不能有效、及时地进行司法活动。因此，这就需要建立顺应相应的环境与污染分布规律的规则进行保护。另一方面我国长期存在一定的地方保护主义的问题，随着改革开放的不断深化，各地区的经济依存度也相应地有所提升，虽然随着各地方经济依存度的提升，司法领域内的地方保护主义思潮有所减弱，但是并未彻底消除，而只有建立司法协作机制，将各地区的司法操作标准统一，才能够彻底消除地方保护主义的干扰。

2. 大气污染环境纠纷区域司法协作的概念范围界定

司法作为环境污染治理救济保障是环境法治的最终依靠，对于如何确保公正审理跨行政区划的案件，应在现有司法体制下，

---

[1] 尼古拉斯·L. 吉奥加卡波罗斯斯. 法律经济学的原理与方法：规范推理的基础工具［M］. 许峰，翟新辉，译. 上海：复旦大学出版社，2014：89.

准确灵活地适用我国现行的行政诉讼法、民事诉讼法和刑事诉讼法中已有的关于指定管辖和移送管辖的规定，建立一种司法协作机制来破解上述难题。结合司法协作与大气污染区域治理的内容与原则，本书所指的大气污染区域司法协作是指以维护共同大气环境利益为目标，为了区域间大气污染治理与大气环境保护等环境司法活动顺利进行而开展的一系列行为规范和制度建设。

主要包含了以下三个层面的内容：一是区域间审判机关之间的合作。司法的一个基本特点就是地域性，即司法权仅在其管辖范围内产生约束力，[1] 属地管辖也就成为确定司法管辖的最基本原则，这是长久以来人们对司法权力的基本认识。然而，随着社会经济的发展以及交通工具带来的便利，人们的生活空间发生巨大改变，已经由原来的聚居式的群体生活趋向于分散式的个体生活转变，此时人们的生活轨迹已不限于自己的居所地，往往在居所地之外甚至是国外都会留下人们生活的印记。[2] 在这样的社会背景之下，社会的生产活动也发生了转变，基于会计成本的考虑，企业的生产方式由一地集中取材变为多地分散生产，这样可以大大节省企业的生产成本，于是产生了大量跨区域的集团公司甚至跨国公司。在此种经济背景之下，司法的地域性规则已经不能完全适应社会经济发展的需要，该规则在悄然发生变化，尤其是在国与国、地区与地区之间法律的基本规则不尽相同的时候，于是就出现了司法协作的问题。而就我国大气污染治理而言，所产生的环境司法纠纷往往单一地区的司法机关难以应对，只有多地司法机关相互协作才能够将问题解决，因此需要建立大气污染区域治理司法协作机制来冲破

[1] 凯尔森. 纯粹法理学［M］. 张书友，译. 北京：中国法制出版社，2008：79.

[2] 马克斯·韦伯. 社会科学方法论［M］. 北京：商务印书馆，2015：92.

司法权地域性的限制，最终促成区域司法机关的协作，这也是大气污染区域治理司法协作机制中的一项重要内容。

二是审判管辖的确定。审判管辖也是司法协作的一个重要问题，在大气污染环境纠纷的跨区司法中由哪一地的司法机关行使管辖权，这需要大气污染区域治理司法协作机制予以明确。一般来说，存在多种确定管辖权的方式，包括了统一管辖、协商管辖、指导管辖等，这些确立大气污染环境跨区司法纠纷管辖的规则，需要司法协作机制来加以明确，因此，跨区管辖的确定也是大气污染区域治理司法协作机制的一项重要内容。

三是跨区审判具体操作标准的统一。由于我国的立法形式采取中央立法与地方立法相结合的二元立法模式，地方立法的数量非常庞大，而在民事审判中由地方人大及其常务委员会制定的地方法规可以作为法院审判的依据，地方政府制定的规章对于民事案件具有参考作用，在不同地方之间，往往地方法规和地方规章规定的标准并不一致，尤其是在环境标准领域内，地方与地方的气候、环境、经济、社会等各方面的要素都不相同，所以环境标准的制定也不尽相同，这就给跨区的司法活动带来一些不便，到底应当依据怎样的标准作为司法裁判的标准，需要大气污染区域治理司法协作机制来协调。因此，建立大气污染区域治理司法协作机制的一个重要任务就是要在区域内统一司法裁判的标准，使跨区的司法裁判活动做到标准一致，这样处理的结果才能够为当事人所接受。应当说该项法律机制的建立包含了丰富的内容，但是就重要性上讲，以上三个层面的内容都是大气污染区域治理司法协作机制最为基础也最为重要的内容，因此，本书对于大气污染区域治理司法协助机制的研究也是围绕上述三个层面的中心内容展开的。

二、建立大气污染区域治理司法协作机制的合理性

1. 法学理论基础的合目的性

从法理学角度来看，法的合目的性是法学的一种基本价值，是法律正义的体现，是以拉德布鲁赫为代表的相对主义法学对法律正义的一种基本理解。❶ 所谓的合目的性，就是法律本身要符合正义理念的基本标准，法律的合目的性是判断一项法律制度的基础，如果一项法律制度符合正义的法学价值，会被认为该项法律制度具有合目的性，属于善法范畴，否则就会被认为是恶法。用这样的思维来审视大气污染区域治理的司法协作机制，我们可以发现该项制度的建立符合正义的价值，具有合目的性的法学基础。

首先，符合分配正义。分配正义是对资源和权利在法律制度层面的一次分配，司法资源若能够公平地分配到每一个体之上，就会被认为是具有正义价值的，❷ 大气污染区域治理的司法协作机制恰恰可以通过区域间司法机关的联合，将司法资源在区域内实现公平分配的一种法律机制，因而具有正义价值，具有合目的性。其次，符合矫正正义。矫正正义是对司法过程中出现的不公正现象的一种纠正，是还原正义的一种手段，❸ 而目前法律制度中也规定了非常多的实现矫正正义的制度，如审判监督法律程序等。大气污染区域治理的司法协作机制的建立就可以通过各地区司法机

❶ 古斯塔夫·拉德布鲁赫. 法哲学［M］. 王朴，译. 北京：法律出版社，2013：81.

❷ 向玉乔. 分配正义［M］. 北京：中国社会科学出版社，2014：26.

❸ 佩策尼克. 论法律与理性［M］. 陈曦，译. 北京：中国政法大学出版社，2015：79.

关的协作使审判标准达到统一，实现对不公平的司法标准的矫正，从而实现矫正正义。从上述两个层面来看，大气污染区域治理的司法协作机制具有合目的性。

2. 政策理论基础的契合性

政策对法律有指导作用，政策的出台可以从思想和原则方面对法律制度的制定提供指引。❶ 在政策层面，我国近年来出台的文件是相当多的，如中共十八届五中全会文件中就规定了对生态产业、绿色发展以及司法改革的内容。而从最高人民法院和最高人民检察院的政策性文件中我们依然可以找到相关的环境保护的影子。例如，“两高”都规定了关于环境公益诉讼的司法政策以及试点性工作，这为地方基层司法机关开展环境公益诉讼的实践提供了政策基础。

具体到区域司法协作，在中共十八届四中全会通过的《中共中央关于全面推进依法治国若干重大问题的决定》中，明确提出，“探索设立跨行政区划的人民法院和人民检察院，办理跨地区案件”。这样的政策为最高人民法院所贯彻，目前已经成立了跨区知识产权法院，以北京为例，从2014年11月成立到2015年11月，跨区知识产权法院一年来审理各类知识产权民事行政案件7 918件，其中审结的案件数为3 250多件。❷ 可见最高人民法院对跨区司法、跨区审判的态度是积极的。在这样大的政策背景之下，恰逢司法改革进入深水区，大气污染区域治理司法协作正是这种思想政策的体现，因为区域司法机关的相互协作是解决跨区司法的最主要环节，尤其是大气污染跨区域性是其基本特征，所以很容易产生跨区司法纠纷，而建立大气污染跨区协调机制，则能够对执行案件实施统一审理。

---

❶ 张文显．法理学［M］．北京：高等教育出版社，2011：193.

❷ 李想．知产司法保护有力助推创新发展［M］．法制日报，2015－11－25.

3. 经济学理论基础的实效性

从经济学的角度来看，效用是评价一项制度或者措施有用性的一种指标，如果该制度或者措施对社会能够产生积极作用，则被认为是有效用或者说总效用是正值，如果产生了消极作用，则被认为是无效用或者说总效用是负值。❶

效用在经济学中可以分为两种类型：一是基数效用。即可以用数量来表示的效用，这样就可以计算出某一物品或者具体措施对社会所产生的作用有多大，而这种方法最常用的表现就是在工程领域内对某一措施或者根据所进行的评价。二是序数效用。就是不能用数学的方式计算出其效用的数值，只能够根据偏好排出顺序，这样就可以从宏观上得出对效用大小的概念认识。如苹果、香蕉、鸭梨、草莓对人的效用每个人可能都会根据自己的偏好排出效用序列，这样的效用序列只能从宏观上说明顺序，而没办法说明具体的数量。

但是无论是基数效用还是序数效用，有一个规律是确定的，就是排在最前面的一定是效用最高的，而根据经济学中的一个最主要的原则，边际效用递减原则，认为总效用在边际是呈现递减趋势的，这一点在我们的生活中有常识性的体会，如当肚子饿的时候第一碗饭往往是最香、最解饿、最有效的，第二碗次之，之后效用会越来越小，甚至当吃饱后再吃会出现难受的感觉，甚至给人带来伤害，此时效用为负。在法律经济学看来，效用是决定法律制度或者法律行为的一项根本指标，即有效的制度才值得推广，否则就会浪费社会资源，甚至会给社会带来灾难性的损失。

❶ 彼得·O. 欧伯恩德，约翰姆·弗莱希曼. 微观经济学基础［M］. 蒋潞潞，等译. 北京：中国法制出版社，2011：255.

就大气污染治理司法协调机制而言，由于大气污染的治理需要由区域治理的方式来实现，而跨区大气污染治理必然会涉及跨区司法的问题，而从效用角度来看，大气污染治理司法协调机制由于是刚建立的制度，因而效用是最强大的，该项制度的建立是有与无的关系，可以解决很多当前制度下难以解决的问题，尤其是最需要解决的大问题，都是制度建立之初所需要解决的。因此，从经济学的角度来看，建立大气污染治理司法协调机制是非常必要的。

4. 实践基础的实用性

从司法实践来看，目前我国的司法审判都是以行政区划来确定法院审判案件的管辖依据，并没有使用专业领域作为管辖的基础，以行政区划来确定司法管辖的最大弊端有两个。

一是可能导致地方保护主义。刚开始改革开放时，地方经济税收的来源并不多，经济发达程度也不高，所以地方对经济发展会出台各种各样的保护性政策，而这种政策都会有形或者无形地被贯彻到司法机关之内，久而久之也就形成了地方保护主义。

二是容易产生党政干部干预司法的现象。由于按照行政区划来确定司法机关的管辖权，司法机关的人员、财物都受地方党政机关的制约，所以在司法审判的过程中有时会出现党政干部干预司法的现象，这有可能会造成一些错案，同时也是对公平正义法制环境的破坏。为了解决这样的问题，中共十八届四中全会明确提出要建立党政干部干预司法的问责机制和跨区法院，说明了党中央解决司法腐败现象的决心是坚定的。并且在这样的大背景之下，最高人民法院在全国建立了跨区知识产权法院的试点，打破行政管辖的束缚，专门审理专业案件。由此也可以看出，按照专业来划分案件的审判管辖在法院系统内已经得到了事实上的认可和贯彻。具体到大气污染区域治理而言，由于大气污染具有区域性的特征，发生大气污染司法纠纷的地区也必定是跨区域的，由此，建立大气污染防治司法协调机制对于消除地方保护主义的弊端、消减党政干部干预司法的现象具有现实意义。

三、美国与日本跨区大气污染环境纠纷司法协作的经验借鉴

1. 美国跨区大气污染环境纠纷的司法协作

美国是英美法系国家的代表，英美法系以判例作为法律渊源的基本形式，司法审判中按照遵循先例的原则对案件进行审理。❶虽然判例的作用在英美法系国家司法体系中起决定性的作用，但是这并不意味着制定法在英美法系国家的作用可有可无，以美国为例，制定法的作用是相当大的，美国关于环境司法的法律文件非常多，并且在司法领域内发挥着重要的作用，例如，《美国清洁空气法》中就对跨区域司法管辖权作出了明确的规定，主要确立了三条基本内容。

一是规定了专属管辖。即规定由于空气环境污染而发生的损害案件属于一种专门性的损害赔偿案件，此类型的案件一审必须由联邦巡回上诉法院审理，而联邦巡回上诉法院的审理范围也是由法律具体规定的，空气污染赔偿的案件仅仅是其中的一个组成部分。此内容确立了大气污染跨区案件的基本管辖原则。二是对案件的类型作了具体管辖的划分。《美国清洁空气法》将司法管辖分为 12 项，其中前 6 项的纠纷划归哥伦比亚特区联邦上诉法院专属管辖。而第 7 到 12 项的纠纷则划归由适当的联邦巡回上诉法院

❶ 罗斯科·庞德. 普通法的精神［M］. 唐前宏，高雪原，廖湘文，译. 北京；法律出版社，2010·79

管辖，其确立管辖的规则是案件由被告所在地或者是违法行为发生地的巡回区域的上诉法院管辖。三是对司法管辖的例外也作出了明确规定。即如果空气污染的环境纠纷可以通过其他行政救济程序解决的，则一般不纳入民事诉讼或者是刑事诉讼的司法专门化审查的范畴，从而避免了法律上的冲突。❶

从《美国清洁空气法》的基本规定来看，美国跨区大气污染环境纠纷的司法协作是通过更高一级的联邦巡回上诉法院来处理各州以及地方司法权之间关系的，该联邦巡回上诉法院以专业案件作为管辖案件的依据，此种以专业领域作为划分司法管辖权的依据是值得我们学习的。

2. 日本跨区大气污染环境纠纷的司法协作

日本属于大陆法系国家，日本在近现代的发展以“二战”结束这一节点分为两个阶段，在战争结束前日本通过战争大量掠夺亚洲人民的自然资源，给亚洲人民带来了深重的灾难。但是毕竟生产行为没有全面展开，所展现的环境问题还并不突出。“二战”结束后，作为战败国的日本开始全面发展工业，各行各业都取得了突飞猛进的成绩，经济学界称为日本模式，在日本经济突飞猛进的同时也带来了严重的环境问题，尤其是20世纪70年代开始光化学烟雾事件频发，给日本民众的身体带来了严重损害，同时也影响了动植物的生长。❷ 于是日本国会开始出台了诸如《日本公害健康受害补偿法》等一系列法案来保护大气环境，其中的措施之一就是在司法领域之内实施大气污染环境公害的跨区司法审判。在日本关于大气污染公害的诉讼区域司法协作的经验中有两个

❶ 张辉．美国环境法研究［M］．北京：中国民主法制出版社，2015：430-431.
❷ 许东海．日本近现代环境保护发展史［M］．北京：中国农业出版社，2013：109.

亮点。

一是跨区管辖权的确定。在日本，只要是大气污染发生的公害现象，污染区域内的任一法院都有管辖权，不受地域的限制，可以提起跨区环境诉讼，要求获得补偿。在跨区诉讼的过程中，如果涉及当事人本地辖区范围内的有关事项，如调查取证等，受诉法院可以通知当事人所在地或者侵权行为发生地抑或证据所在地的法院协助调查案件事实，受委托的法院不得以任何理由推脱。

二是司法权的高度权威性。当发生大气污染公害事件后，当事人可以就损害向污染区域之内自己信任的法院提起损害赔偿诉讼，主张自己的权利，受诉法院受理跨区诉讼后，对案件进行审判的结果不仅对法院辖区内适用，而且对于大气污染区域内的所涉都、道、府、县同时适用，这就超越了司法判决仅在管辖区域范围内适用的这样一个界限。❶ 如果遇到执行问题，受诉法院所在地以外的其他地区的执行机构必须依据生效判决予以执行，不能有任何怠于履行的行为。由此可见，在日本各地对司法裁判的尊重程度是非常高的，法院裁判的权威性不言而喻。

3. 美国与日本的经验总结及对我国的借鉴意义

美国与日本在跨区大气污染环境纠纷司法协作方面的做法是有所不同的，主要区别点有两个。

一是管辖主体不同。美国跨区大气污染环境纠纷的司法协作是将跨区大气环境司法纠纷指定由联邦巡回上诉法院来管辖，这样以专业类型来划分案件管辖的方式就避免了各州以及地方司法权之间发生纠纷。而日本管辖跨区大气污染环境纠纷的法院则是

---

❶ 日本律师协会. 日本环境纠纷典型案例与评析［M］. 北京：中国政法大学出版社，2011：54－55.

区域内的任一法院，受诉法院在审判过程中其他法院应当给予支持，在判决发生法律效力后，其他地方的执行机构应当充分尊重判决的效力并予以执行。

二是管辖方式不同。从管辖方式上看，美国对跨区大气污染环境纠纷采取专属管辖的方式，而日本则采取分散管辖的方式。纵然美国与日本在跨区大气污染环境纠纷方面的做法不同，但是也可以找到一些相似之处，主要有两个方面：①司法介入跨区大气污染环境纠纷的态度。从美国和日本的具体做法来看，美国与日本的司法机关在处理跨区大气污染环境纠纷的态度是坚决的，从制度构建的角度来看，都能够有效地避免司法权之间的相互冲突和相互推诿现象的发生，这一点是对治理大气污染能够产生积极意义的。②司法权在处理大气污染环境纠纷后能够得到有效的执行。从美国和日本的制度设计来看，当法院作出判决之后，判决书的效力都能够得到充分的尊重，案件最终都能够被有效地执行，这对于解决大气污染环境纠纷而言，具有极强的现实意义。因此，纵然美国与日本分属两大法系，法律理念以及法律制度有着本质的区别，但是就跨区大气污染环境纠纷司法协作机制而言，所产生的社会效果都是具有积极意义的，是值得我们学习借鉴的。我国属于大陆法系国家，与美国的法律体系有着本质的区别，而与日本同属于大陆法系国家，法律体系相似之处较多，因此，可以学习借鉴的地方也较多。

通过对美国与日本大气污染区域司法协作机制的分析，可以对我国产生以下启示。

一是跨区环境司法纠纷管辖权方面的启示。从美国的经验来看，是将案件按专业类型划分管辖权，并将跨区大气污染的环境纠纷确定为专属管辖的范围，而日本则是采取任何一地均有管辖权的做法来解决大气污染的环境纠纷，这两种确定司法管辖权的方式虽然不同，但是均属于法定管辖范畴。而就我国的司法现状来看，对于跨区案件的司法管辖也存在两种模式，即法定模式和约定模式，约定模式就是通常情况下两个司法机关进行协商，而法定模式也有实践，即知识产权法院的建立专门审理跨区知识产权纠纷案件，该法院就是以专业类型而划分管辖权的一种尝试。从我国司法实践的发展来看，对于解决跨区司法纠纷而言，当然是法定管辖方式效率更高，更能够发挥持续的作用。

因此，我们可以从美国与日本的经验中得到借鉴，即在确定跨区大气污染环境纠纷的司法管辖权时，应当采取法定模式，即由国家出台法律或者司法解释建立跨区司法管辖的规则，这样在解决跨区大气污染环境纠纷时才能够得到司法效率的提升。

二是跨区环境司法纠纷司法权配合方面的启示。在此方面日本的经验非常值得我们学习，当受诉法院在审理案件的过程中，其他司法部门应当给予明确的支持，而且判决生效之后判决书的效力能够得到充分的尊重，从而使纠纷得到迅速解决。就我国目前的环境司法状况而言，地方保护主义思想非常严重，尤其是跨区的环境纠纷，法院会处于保护地方经济的目的而很不情愿地与其他地区的司法机关相互配合，这就人为地为跨区环境纠纷解决增加了不少障碍，实践中表现最为突出的就是执行难问题，一个法院的判决在另外一个地方很难得到有效且及时地执行，因而解决这样的问题，日本的经验会带给我们更深层次的思考。我国完全可以借鉴日本的经验，在管辖方面确定一种分散式的跨区管辖模式，只要是区域内的法院均可以享有管辖权，并且赋予法院判决在异地执行的效力，应由判决法院亲自执行，财产所在地法院予以配合，这样就可以解决由于地方保护主义所引发的执行难问题。

综上，对于构建大气污染区域治理司法协作机制而言，应当参考并吸收美国和日本大气污染环境纠纷司法处理的先进经验，并有针对性地解决我国环境司法中的相应困难，这样司法协作机制的运行效率才能够有所提高。

四、我国构建大气污染区域治理司法协作机制的实证分析

1. 我国环境司法的现状

目前我国环境司法中存在的问题非常多，这些问题在很大程度上影响了大气污染区域治理司法协作机制的建立和运行，所以要建立这样的法律机制，就应当先从环境司法存在的问题入手，找到问题的所在才能够找出解决问题的对策。

目前我国环境司法存在的问题主要有以下几个方面：一是案源不足。案源不足是困扰环境司法审判的一大问题，其原因是复杂的，有当事人自己的原因，也有社会宣传的原因，还有经济方面的原因。为了加大审判力量，根据国家生态文明建设和依法治国的要求，很多地方司法机关成立了专门的环境资源审判机构，但是案源不足成为亟须解决的问题。专门从事环境资源审判的北京市第四中级人民法院成立近一年来，受制于现有的体制一直为案源不足而困惑。二是诉讼成本过高，就一项诉讼而言，有当事人的诉讼成本和法院的审判成本两类成本，对于环境司法纠纷而言，由于涉及的证据较为专业，所以取证的过程需要付出较多的成本，而在审判程序上，除了审判内容较为复杂之外，审判实践周期长、判决结果往往不尽如人意等，都是造成环境诉讼成本过高的原因，这些成本最终将转化为社会成本，由全社会来负担，这样就等于增加了社会的负资产，从而影响了社会总的福

利水平。[1] 由于诉讼的最终宏观目标是将社会成本控制在最小化的范围，[2] 而环境诉讼距离这样的目标还有一定的差距，所以环境诉讼案件不同于其他类型案件。三是环境司法审判机关的管辖往往很难实际解决环境问题。环境问题往往是区域性或者是流域性的，而我国法院一直贯彻的一般地域管辖的原则在解决环境纠纷时并不能很好地解决实践中发生的问题，经常是一个诉讼案件解决了，但是污染并未彻底消除，最为典型的就是跨区域的水污染案件，这是环境案件审判地域管辖的一大弊端。四是审判人员的专业性还有待提高。目前我国建立环境审判庭的法院依然数量较少，即使有也是中级以上的法院才会建立，广大基层法院设置环境审判机构的依旧是少数，原因除了基层环境纠纷案件数量少之外，审判人员少也是一个重要因素。五是鉴定困难。环境纠纷案件本身就是一种专业性极强的案件，该类型案件在诉讼时需要获取较多证据材料才能够保障案件的审判结果，但是从实践来看，鉴定项目多、鉴定费用高、鉴定程序复杂等多种原因造成了目前环境纠纷案件鉴定困难，而且这样的困难在短期内没有减轻的趋势。六是产业发展压力助长司法不公。主要是某些生产企业过分追求经济利益而忽视生产排放对生态环境的巨大影响。而某些地方政府迫于经济发展压力对环境保护态度消极。随着环境问题不断膨胀，环境群体性事件的增多，政府部门制订一些治理措施，但现实上进展不大。部分地方政府过度追求经济发展成果急切招商引资，引进一些高污染、大排放企业，以环境为代价换取经济增长，掠

---

[1] 斯蒂文·萨维尔．法律经济分析的基础理论［M］．赵海怡，史册，宁静波，译．北京：中国人民大学出版社，2013：279.

[2] 罗伯特·考特，托马斯·尤伦．法和经济学［M］．6版．史晋川，董雪兵，等译．上海：格致出版社，2012：186.

夺地方有限的资源。而广大公众对环境保护意识不强，环境司法少有人响应。这种情况反过来也助长了地方政府的不作为。七是行政执法与司法方面不平衡。环保部门和政府保持着千丝万缕的联系，这给环境执法造成了阻碍，主要表现形式有两大类：一类是争着管。这显然是针对有利可图的案件，对于此类型案件某些政府部门和司法机关都争着管，甚至某些地方党委都会来分"一杯羹"，这就导致了谁都管不好的现象。另一类是都不管。此种情况也很明确，就是针对无利可图甚至在某些地方看来是"硬骨头""有关系"的案件，谁都不想管也不愿意管，这就使该类案件的当事人更加有恃无恐地进行污染，从而导致环境进一步恶化。八是环境保护法庭的设立程序不完善。针对实践中环境诉讼出现的乱象，最高人民法院也想过很多解决措施，其中之一就是建立环境法庭，通过专业化的审判来解决实际问题，但是就环境法庭的建设而言，并没有更多的规范可以依据，这些问题给环境司法纠纷案件的审判带来困难。因此要彻底解决环境问题，解决区域间大气污染治理过程中的司法纠纷，需要建立大气污染区域治理司法协作机制才能够实现。

2. 司法改革背景下大气污染治理区域司法协作的突破

中共十八届四中全会之后，依法治国被提到了前所未有的高度，在司法机关内部，新一轮司法改革被推向了一个新的高潮，其中最为重要的一项改革就是跨区司法管辖制度的改革。我国在跨区司法方面，有两项改革对于大气污染治理区域司法协作具有建设性意义。

一是北京市第四中级人民法院的成立。北京市第四中级人民法院的成立，管辖案件的范围包含了除一般地域管辖以及原北京铁路运输中级人民法院管辖的刑事、民事案件之外，还包含跨地区的重大环境资源保护案件、重大食品药品安全案件，其中，跨区审理重大环境资源保护案件对于大气污染区域治理而言具有建设性意义。因为，重大环境资源保护案件不仅可以在当地依照侵权行为地的一般管辖对案件行使管辖权，同时也可以依据跨区管辖的规定将案件由北京市第四中级人民法院管辖，这种“双重管辖”的方式对区域司法协作提供了一种具有可行性的实施方案。虽然北京市第四中级人民法院成立以来尚未审理重大环境污染跨区案件，也未就跨区污染案件的管辖问题进行过协调，但是毋庸置疑的是环境损害纠纷区域司法协作的法律机制已经初步形成，而且北京市第四中级人民法院的成立对于解决跨区环境纠纷而言，也是长效化的。

二是巡回法庭的成立。2014 年年底，最高人民法院出台《最高人民法院设立巡回法庭试点方案》，随后巡回法庭正式成立，截至到目前，最高人民法院共成立了 2 个巡回法庭，工作地点分别设置在深圳和沈阳。巡回法庭是最高人民法院的一个下属机构，该法庭定期或者不定期审理跨区行政和民商事法律纠纷，巡回法庭的成立宗旨是去司法的行政化，并将审判权与执行权相分离，实现司法权的独立运行，并在跨区诉讼、环境公益诉讼等方面进行探索。巡回法庭的运行属于一种定期或者不定期的司法活动，而非日常的审判行为，因而比较适合解决跨区重大的、难以协调的司法案件。而区域司法协作属于一种常态化的运行机制，可以协调日常跨区司法纠纷事务。从级别来看，巡回法庭是最高人民法院的一个下属机构，等级相应地要比区域间的各司法机构要高，区域内的司法机构解决不了的问题，也可以寻求巡回法庭加以解决。从这一角度来看，巡回法庭的设立也为大气污染治理区域司法协作提供了一个解决渠道。从司法实践来看，巡回法院成立至今受理的案件并没有重大环境损害纠纷案件，但是不能否认的一点是跨区司法纠纷的解决路径、解决机制已经建立，因此，也可以为大气污染治理区域司法协作机制的建立和运行提供一种思路。

从上述两点来看，在司法改革的大背景之下，虽然司法领域内的协作尚未有具体的案例发生，但是区域司法协作的法律机制已经取得了一定的突破，这样的突破为建立并完善大气污染治理区域司法协作机制具有推进作用。

3. 建立大气污染区域治理司法协作机制需要排除的困难

纵观我国环境司法领域，存在的问题和困难颇多，具体到大气污染区域司法，遇到的困难则更为具体实际，我国要建立大气污染区域治理司法协作机制，应当以问题为导向，将这些实际困难一一排除，只有这样，司法协作法律机制才能够很好地运行并发挥重要作用。

具体而言，需要排除的实际困难有以下几个：一是理念层面的困难。司法理念是指导司法行为的重要指针，[1] 在司法领域内，有何种理念，就会产生何种司法行为，因而从司法制度的顶层设计来看，是非常重视司法理念构建的，例如，司法机关对公平、正义、廉洁等价值观的建立，就体现了对司法理念的重视。相应地，从微观层面看，司法人员处理案件时的司法理念也可以从司法行为中得到映射。具体到跨区司法领域内，目前我国司法机关对于跨区司法所表现出的态度并不算积极，从以往的司法实践来看，异地执行效率低、周期长、成功率不高等现象就集中反映出司法机关在跨区司法协作方面投入的力度是有所欠缺的。[2] 当然，

---

[1] 齐佩利乌斯. 法学方法论［M］. 金振豹，译. 北京：法律出版社，2009：173.

[2] 韩德强. 环境司法审判区域性理论与实践探索［M］. 北京：中国环境出版社，2015：167.

排除案件自身的难度和特殊情况等客观影响因素之外，司法机关的主观原因会占大多数，即不愿意、不情愿、怕得罪人、地方保护等主观思想的存在导致了异地执行出现了执行难的现象。这种现象其实就是在对待跨区司法协作时表现出的一种消极司法理念，该种理念的存在大大地影响了跨区司法协作的效率，因此，要建立大气污染区域治理司法协作机制首当其冲的是要将这种消极的司法观念予以排除，以一种积极合作的司法理念来解决跨区司法权的配合问题，这样才能够使跨区大气污染环境纠纷得以顺利解决。

二是制度层面的困难。从制度层面来看，现在地方各省级法院都会出台一些关于细化审判程序的文件，这些文件在法院审理案件时会产生内部约束力，然而对于此类文件各省的情况却又是不一致的，有的甚至没有相关规定，这种规定不统一的现象往往都是针对本省审判工作的实际加以规范的，因而尚未上升到中央立法的层次。因此，要建立大气污染区域治理司法协作机制就要解决各省内部规范不一致乃至内部文件与司法协作协议之间的关系问题，这一问题的解决往往会与地方的审判习惯以及社会经济发展等客观情况相联系，所以存在一定的困难。

三是实践操作层面的困难。从实践操作层面来看，跨区司法协作的完成应当由本地法院完成还是异地法院完成，谁为主谁为次，抑或共同完成，这些问题不仅是停留在书面中的理论问题，在实践中也具有非常现实的意义，例如，异地执行的问题，当然跨区司法协作中的实际操作问题远不止这些。因此，要建立大气污染区域治理司法协作机制需要对跨区司法权的协作程序给予明确的规定，因为司法权的运行必须遵守程序，这样才能够符合程序正义，❶ 无程序限制的司法权必然会导致司法腐败。就大气污染环境纠纷的跨区司法而言，要建立大气污染区域治理司法协作机制则应当着重在程序规范上对跨区司法活动加以约束，然而就目前我国跨区司法协作的经验来看，由于跨省司法协作的经验较少，所以制定类似的文件相对而言还存在一定困难，这也是建立大气污染区域治理司法协作机制所应当极力排除的。

综上，由于我国的环境司法以及跨区环境司法尚未达到完善的程度，因而建立大气污染区域治理司法协作机制会面临诸多问题和困难，当然上述困难也仅仅是一种宏观上的概括，并未涉及具体问题，而且是一部分困难而已，在建立大气污染区域治理司法协作机制的过程中，只有将这些困难逐一排除，该项机制才能够在环境司法实践中良好运行。

五、我国大气污染区域治理司法协作机制的构建

大气污染区域治理司法协作机制是大气污染区域治理的法律协调机制的一项重要内容，目前我国在大气污染区域司法方面的实践较少，这与我国环境司法的现状关系密切，要建立大气污染区域治理司法协作机制需要在完善环境司法的基础上对大气污染区域联合司法中的重点问题加以处理，这是构建该项法律机制的核心。

1. 规范司法机关的协作

构建大气污染区域治理司法协作机制最为核心的问题就是主体问题，即司法机关在何种情况下可以联合在一起从事审判活动。

❶ 莫里斯·奥里乌. 法源：权力、秩序和自由［M］. 鲁仁，译. 北京：商务印书馆，2015：128.

对于这一点可以有两种方式。

一是司法主体的相互配合。即区域间的司法主体依据大气污染区域治理法律协调机制的规定或者协议，达成司法主体之间合作的协议。这样的协议主要是解决行政管辖权以及跨区执法执行等问题。二是司法主体的集中管辖。即由区域内的较为高级的或者审判能力较强的司法机关为主导，所有的环境纠纷案件都由该法院受理，然后再分配给其他法院审理。三是司法主体的专业化合作。即将环境损害纠纷划分为不同类型，然后参与区域治理的司法机关各自负责某一类型案件的审判，同一类案件的审判，都由一个法院负责。

这三种司法协作方式都可以在一定程度上解决地方保护主义和党政干部不当干预司法的问题，只是侧重点不同而已。第一种方式主要是通过协议的方式实施，此种方式在过去多指联合司法、联合执法，以往的联合司法都是因地制宜、因时制宜、因事制宜的，没有一个固定的机制作为协调，同时各司法主体的相互协作也多是在特殊时期采取的特殊手段，没有一个长效机制来长久运行。而采取协议的方式来解决司法主体间的合作问题，可以使之长久运行。第二种方式属于司法实践中的创新方式，也取得了一定效果，当然也值得推广。第三种方式主要是根据环境纠纷的类型来划分审判管辖，此种方式虽然具有一定合理性，但是就目前我国环境司法的现状而言，案源匮乏是一大难题，所以再将环境纠纷案件根据专业划分类型，在实践中可行度并不高，所以不建议采取此种方式的司法合作。综上，建议采用前两种方式来进行区域司法机关间的司法协作。

2. 建立跨区域集中管辖机制

审判管辖问题是司法中的一大问题，尤其是在司法改革的大背景下，法院立案由审查制改为登记制所带来的问题将会更多。尤其对于大气污染这样的跨区域性纠纷，管辖问题更是要着重解决的问题。通常情况下，因地理位置相邻，各地人民法院受理案件会涉及相邻区县当事人。而区域发展一体化过程就是去除行政区域限制，各地逐步融合的过程。随着城市群概念的逐步清晰，法院裁判标准统一需求也愈加凸显，进一步认识到沟通协作、统一裁判标准的重要性。跨行政区审理涉外地人、涉外地标的的案件数量预计也会增多，这会给事实的查明和证据的获取带来更大的困难。区域内各人民法院案件审理的裁判标准不统一，可能导致当事人以法律规避的方式改变管辖，这给司法实践带来了巨大问题，对此问题的研究和实践最早产生于贵州，贵阳市中级人民法院在水源地跨区域环境污染司法方面最早进行环境司法专门化的探索，经过科学评估，采取了跨区域集中管辖模式，并取得了成功。

笔者认为，跨区域大气污染司法可以借鉴此经验，原因是跨区域集中管辖的优点突出，主要体现在几个方面：一是能够避免大气污染治理各自为政，治标不治本的问题。跨区域司法活动不仅只是司法机关审判具体案件，在审理环境污染案件时对发现的带有共同性的问题，可以向有关行政机关提出司法建议，促进大气污染区域的共同治理。二是能够针对大气污染区域内污染情况，在整体评估基础上统一司法政策和裁判尺度，实现环境司法的法律效果和社会公共利益的统一。空气质量是最广泛的公共利益，对大气污染区域内的环境污染行为，可以在法定的标准内加大处罚力度，以尽快实现大气污染区域治理的达标计划。再次，能够避免地方保护主义对大气污染治理的障碍。环境案件跨区域管辖对于法院抵抗行政领导干部干预司法具有积极性，并且增强了法院的抗干扰能力。比较有代表性的是在贵州省的人民法院实施了环境司法跨区域集中管辖后，清远市基层人民法院审理了中华环保联合会诉安顺市宏盛化工公司水污染责任纠纷案，使这样具有较大影响力的案件能够得到公正审理，取得了理想的法律效果和社会反响。❶

跨区域集中管辖的贵州模式非常值得推广，综合而言，该省实行环境案件分层次“三审合一”：一是省法院审理全省环境资源类民事、刑事、行政案件；二是省法院指定 4 个中级人民法院集中管辖环境案件，实行相对的“三审合一”；三是省法院指定 5 个基层人民法院按照中级人民法院的模式实行相对的“三审合一”。笔者认为，环境资源类案件种类繁多，影响范围不一。但是大气污染区域性案件影响大，涉及两个或多个地区，贵州模式在大气污染跨区域案件的审理过程中能够起到积极的作用，因此，通过建立类似区域集中管辖机制来解决区域间大气污染环境纠纷的审判管辖问题是非常合适的。

3. 统一跨区域司法审判的标准

司法标准不仅仅是法律法规这样的生效法律文件，还包括一些地方性文件，这些地方性文件有可能是地方法规和政府规章，还有可能是行业标准等，通常情况下地方规章和地方行业标准对法院的审判具有参考作用。❷ 仅以环境诉讼而言，地方行业标准对法院判决所起的参考作用较大，尤其是各种环境标准，由于其技术性较强，且在本地区内适用，因而法院在审判的过程中会非常

---

❶ 贵州省高级人民法院. 探索集中管辖 推进公益诉讼［J］. 人民司法，2015（23）：22.

❷ 张梓太. 环境纠纷处理前沿问题研究：中日韩学者谈［M］. 北京：清华大学出版社，2007：172.

重视对行业标准的使用。

区域大气污染引发的环境诉讼有可能是跨区域的，此时有可能出现两个地区环境标准不一致的问题，如在京津冀地区，很多环境标准的具体数值都是不一致的，但是京津冀地区的大气污染却是同步的，这种标准不一的状态会在跨区环境纠纷的审判过程中产生困惑。因此，大气污染区域治理司法协作应当着重解决区域内司法判决标准不统一的问题。由于环境标准以及其他工程类的标准都非司法机关制定，是由相应的主管行业部门制定，而司法系统之间的协议又不可能改变其他部门的标准，所以统一司法标准实际上就是如何适用法律、采取什么样标准的问题。由于大气污染具有区域性、流动性、同步性的特点，根据这一特点来判断，法院在审理区域内大气污染的法律纠纷应当适用最高标准，而不能适用较低标准。

因此，区域司法协作的核心就是要建立这样的规则，即区域内如果地方已经出台相应的环境标准，那么法院在审判的过程中应当适用最高标准，且不受环境标准溯及力的限制。例如，区域内甲地环境标准最严且出台于 2015 年，乙、丙两地的环境标准出台于 2013 年，而污染行为于 2014 年发生在乙地，此时不应受甲地环境标准溯及力的限制，应当选择甲地的环境标准作为审判依据。只有建立了这样的规则，才能够使区域环境司法的标准统一。当然对于没有建立标准的领域，也应当一并建立司法协作机制。

六、检察机关跨区提起大气污染公益诉讼的协作机制探索

环境公益诉讼是维护公众环境利益的重要途径，也是化解环境群体事件的重大举措。但是，在现有环境公益诉讼制度下，公众的环境利益很难得到及时救济，这就为环境群体事件的频发埋

下了隐患。中共十八届四中全会公报指出，探索建立检察机关提起公益诉讼制度。这就为化解环境群体事件、破解环境公益诉讼的制度“瓶颈”指明了方向。司法实践中由行政机关作为原告提起的环境公益诉讼也暴露出不少问题。政府和企业之间时常存在利益纽带，这也致使行政机关提起的环境公益诉讼的公正性受到公众质疑。这样，解决问题的关键就是创新环境公益诉讼制度，探索建立检察机关提起环境公益诉讼制度，拓宽诉讼救济渠道，弥补行政手段不足，减少公众维权成本，妥善协调利益冲突，有效化解群体事件。

1. 检察机关提起大气污染公益诉讼的问题

（1）检察机关提起大气污染公益诉讼的诉讼地位。关于检察机关提起公益诉讼的主体资格问题一直以来是学术界关注的热点问题，在中共十八届四中全会之前争议的声音比较大，可以分为支持与否定两方面的观点，但是中共十八届四中全会的决定中明确提出要建立检察机关提起公益诉讼制度，这就为法律的制定奠定了坚实的政策基础，此后学术界的观点呈现一边倒的趋势，普遍认为检察机关可以提起环境公益诉讼，在 2015 年最高人民检察院与最高人民法院都对检察机关提起公益诉讼的问题作出了一些规定，但就公益诉讼而言，检察机关的主体地位问题尚未有明确的说法，学术界一般认为检察机关提起环境公益诉讼的资格是公益诉讼人。因为《中华人民共和国人民检察院组织法》（以下简称《人民检察院组织法》）有明文规定，检察院有责任监督公民、法人及其他组织的违法行为，而且有责任对行政机关违法的具体行政行为和抽象行政行为提出监督意见，事实上也就确立了检察院参与诉讼的必要前提，不仅是法律的确认，在我国的大政方针政策上也表明检察院有资格担当环境公益诉讼人。

目前，在已经公布的文件中，经常可以看到将检察院命名为公益诉讼人的消息，公益诉讼人不同于诉讼代理人，诉讼代理人代表原告并听命于原告进行诉讼，然而公益诉讼人可由其自身进行诉讼，并不服从谁的调遣，体现着公益的属性。公益诉讼人是否属于诉讼代表人，这样的疑问也是有的，虽然检察院代表公众利益，但未必能听从所有社会公众的意见，法律以公益诉讼人称呼，这样省去了不必要的麻烦和误会。然而检察院作为公益诉讼人是既不同于诉讼代理人又不同于诉讼代表人的一种新的诉讼参与人，由其代表社会公众利益和国家利益提起环境公益诉讼是否能堪当重任呢，笔者将依据检察院的职责进行探讨。其一，检察院有责任监督公民、法人及其他组织的违法行为，从这一点看检察院代表着国家公共利益提起诉讼是法定的职责。另外，环境污染的复杂性和公民精力财力的有限性很难担当原告的重任，尤其面临着亟须处理的环境法律专业问题，检察院相比其他人员、机构更胜一筹。充当监督员的检察院更靠近事件发生的前沿，这种身份无疑也让检察院充当公益诉讼人变得有理有据。其二，检察院有责任对行政机关违法的具体行政行为和抽象行政行为提出监督意见，检察院不仅对民众有监督的权力，而且对行政机构及官员也有这样的权力，这种司法权与行政权的制约也正好体现了我国宪法的精神，面对以环境为职责的政府行政部门，检察院这把利刃可以让行政部门如实地反映情况和履行职责，能够很好地起到对环境污染诉讼的司法协作作用。

（2）检察机关提起大气污染公益诉讼的范围与实践。检察机关提起环境公益诉讼的受案范围目前并未有明确的规定，从最高人民检察院规定的13个可以提起环境公益诉讼的试点检察院来看，也没有就受案范围作出明确规定。笔者认为，环境公益诉讼的目的是通过司法诉讼程序严格地推进和保护我国社会公众的环境健康利益，从理论上分析，环境法律主体的不同，会形成不同类型的大气污染公益诉讼，这也就决定了环境公益诉讼的受案范围是特殊的，因此需要考虑影响具体案件因素的不同情况来设置受案范围。

首先是提起环境公益诉讼案件的性质。环境公益诉讼从根源设置上来说就是保护公众的环境公共利益问题，只要符合公共环境利益保护的性质都可以作为环境公益诉讼的案件范围。其次是提起环境公益诉讼案件所涉问题是否可以通过司法途径加以解决。凡是可以用司法途径加以解决的案件，则可以作为检察机关提起环境公益诉讼的受案范围，反之如果司法途径没有办法解决的案件，则不能被列入检察机关提起环境公益诉讼的受案范围，如对生态补偿费用的发放问题，就不易被列入检察机关提起环境公益诉讼的范围，因为这样的问题用其他非司法的渠道解决效果会更好，而司法所能够解决的仅仅是一种权利义务的纠纷，此类问题并不适合用司法方式解决。确立检察机关提起环境公益诉讼的受案范围，目的就是要对司法实践有所帮助，在中共十八届四中全会极力推动下，探索建立检察机关提起公益诉讼的实践可谓雨后春笋，如金沙县人民检察院诉金沙县环保局怠于履行职权的行政公益诉讼案。金沙县人民检察院切实地发挥检察机关的法律监督职能作用，督促金沙县环保部门依法行政并维护国家和社会公共利益，此案最终以金沙县环保局主动履行其管理职责后检察院撤回起诉终止。该案为检察机关提起公益诉讼的制度设计赢得了良好的社会效果和法律效果。

因而，对于检察机关提起环境公益诉讼的实践而言，主要应当通过以下四个方面进行：一是要放宽受案范围，使更多的环境纠纷能够进入环境公益诉讼的受案领域内。二是要区分救济方式，凡是能够通过其他途径解决的，不宜通过检察机关提起环境公益诉讼的方式加以解决，只有其他途径都无法解决时，才可以通过检察机关提起环境公益诉讼的方式来加以解决，这一点在学术领域内被称为“穷尽救济”原则，即检察机关提起环境公益诉讼应当以穷尽救济为原则。三是注重协调配合，检察机关提起环境公益诉讼不仅仅是检察机关一家之事，至少还会涉及法院和环保部门，因此相互配合共同保护环境是检察机关提起环境公益诉讼能够获得成功的关键。四是加大宣传力度，即通过梳理正面典型和反面典型的方式让更多的群众明确环境问题关系到每一名群众自身的健康，企业有义务在法定范围内进行生产，群众对企业的违法排污行为有举报的权利和义务，并且建立相应的奖励机制，使公众参与能够保持长久。

2. 检察机关跨区提起大气污染公益诉讼的思考

从理论上讲，检察机关跨区提起大气污染公益诉讼也有一定的理论基础，即该种诉讼方式可以提升司法效率。通常情况下，本地检察机关在本地诉讼会受各方利益的干扰，思想顾虑比较多，很多时候不一定会获得更多的诉讼收益，而由异地检察机关提起环境公益诉讼，可以排除这些干扰，获得的诉讼收益可能会增加。这样在成本投入基本一致的情况下，异地检察机关提起大气污染公益诉讼的诉讼收益会更高，司法效率将有所提升。因此，检察机关跨区提起大气污染公益诉讼具有现实和理论基础。

检察机关跨区提起大气污染公益诉讼需要着重解决的问题就是检察机关相互配合的问题，因为检察机关跨区提起大气污染公益诉讼的合理性在于大气污染的现状具有跨区性的特点，而其合法性在于区域司法协作机制中关于检察机关之间跨区相互协作的协议约定。既有合理性又有合法性，那么检察机关跨区提起大气污染公益诉讼就具备可实施性。但是在实施的过程中需要做好提起诉讼的检察机关与本地检察机关的配合工作。出于对法院的尊重和对审判程序的尊重，通常情况下异地检察机关不应当直接跨区到本地提起大气污染公益诉讼。

由于《人民检察院组织法》（2018）中明确规定检察机关具有保护公共利益的职能，在该项职能之下，检察机关所行使的职权是代表国家行使的职权，无论是本地检察机关在本地提起大气污染公益诉讼还是异地检察机关跨区来本地提起大气污染公益诉讼，都是代表国家提起公益诉讼，最终的受益主体都是国家和人民，仅仅是干此项工作的主体变更了而已，因此，无论是哪一个检察机关提起环境公益诉讼，并不影响法院的受理。但是实践中需要注意的就是操作问题，异地检察机关应当同本地检察机关进行协商，看由谁提起大气污染公益诉讼更为合适，更加能够取得司法效率的提升，就应当由谁提起公益诉讼，如果协商的结果是由异地检察机关跨区提起大气污染公益诉讼更为合适，那么应当由本地检察机关向法院出具相关证明材料，证明由异地检察机关提起大气污染公益诉讼的合理性，这样取得证明材料后异地检察机关就可以向本地法院提起大气污染公益诉讼了。

3. 检察机关跨区提起大气污染公益诉讼的程序设计

检察机关跨区提起大气污染公益诉讼如果付诸实施，那么遇到的关键问题就是程序性问题，当然对于诉讼程序应当在《民事诉讼法》（2021）的框架之下运行这一点是毋庸置疑的，也是能够得到普遍认可的。而检察机关跨区提起大气污染公益诉讼中最核心的程序性问题有以下几个，需要在大气污染区域治理司法协作机制中有所体现，至少是由区域内的司法机关包括法院和检察院取得一致共识后达成协议。

一是受理标准问题。应当为检察机关跨区提起大气污染公益诉讼设定一定的起诉标准，不能是任意情况下都由异地检察机关提起大气污染公益诉讼，一般情况下，应当将“必要性”标准作为检察机关跨区提起大气污染公益诉讼的必要条件，所谓的必要性并没有严格的定义，而实践中的情况也会是复杂的，设定必要性事项也是不现实的，因而可以在程序上设置一个机制来对检察机关跨区提起大气污染公益诉讼加以约束，即应当由本地检察机关向法院出具由异地检察机关跨区提起大气污染公益诉讼必要性的证明材料，这样就可以受理案件。二是审判程序问题。主要应当规定检察机关在参与公益诉讼时的权利义务，尤其是不能通过辩论或者参与调解的方式变相承认污染主体的排污权。三是审判程序与二审程序的衔接问题。检察机关跨区提起大气污染公益诉讼法院判决之后应当由哪一个检察机关参与二审，应当予以明确。从目的性上看，检察机关跨区提起大气污染公益诉讼的目的主要是防止地方保护和地方干预，而在二审中，会将案件的管辖转移到上级法院，因此地方保护和地方干预的情况会相对消失，所以由本地的上级检察机关参与二审程序较为合适。当然如果仍然存在地方保护和地方干预的可能性，也可以由异地提起公益诉讼的检察机关的上级机关再到异地参与二审。所以，在程序设计之上应当设置一个基本原则，即“以本地上级检察机关参与二审为原则，以异地上级检察机关参与二审为例外”的原则，当然对于该原则的行使条件仍然以必要性为前提。四是审判程序与法律监督的衔接。在民事诉讼程序中检察机关的法律监督职能通常情况下有两种体现，即抗诉和执行监督，抗诉是按照审判监督程序提起的抗诉，是对法院错误判决的一种纠错机制。而执行难一直是困扰司法审判的一大顽疾，尤其是环境诉讼案件，执行问题更是一个长期以来令司法机关头痛的问题。为了破解执行难问题，最高人民法院出台了很多措施，包括新上线被执行人财产查询系统。而在《民事诉讼法》（2021）中也规定了执行监督程序，即由检察机关负责对法院执行中的违法行为进行监督。关于检察机关提起环境公益诉讼的案件能否再提起执行监督程序，这在学术界是有争议的，当然主流的观点还是认为检察机关可以行使执行监督的职权。原因是检察机关执行监督的职权与提起环境公益诉讼的职权虽然都是同一机关行使的职权，但是完全不同的两项职能，一个是法律监督职能，一个是保护公共利益职能，作用完全不一样。无独有偶，在刑事案件中，检察机关提起公诉的案件，法院判决后检察机关依然可以行使法律监督的职权按照审判监督程序提起抗诉，而这种模式长期以来运行良好，并未有反对的声音，学术界也都认为这种程序设计是合理的。那么，在检察机关提起环境公益诉讼后再行使法律监督职权也是合理的。因此，当检察机关跨区提起大气污染公益诉讼时在判决生效后依然可以行使法律监督职权。当然问题的关键并不在于能不能行使，而是由谁行使。这需要由制度设计加以确立，笔者认为应当由参与二审的检察机关负责提起法律监督程序更为合适，首先是这样的程序设计与现行《民事诉讼法》（2021）的程序规则不矛盾，其次是可以防止无主体监督或者多主体监督的混乱局面，因为若不对法律监督的机关加以明确和限定，那么司法权力的空缺或者交叉极易产生权力混乱现象，从而降低司法效率。

综上，检察机关跨区提起大气污染公益诉讼所涉及的程序问题很多，只有将上述问题加以明确，才能够使检察机关跨区提起大气污染公益诉讼的活动运行有序。

结　论

近年来我国产生了一系列环境问题，以工业废气排放总量为例，2014 年全年排放达694 190 亿立方米，[1] 大气污染形势不容乐观。随着近些年来全国性雾霾事件的频发，社会对大气污染治理问题的关注骤然升温。由于大气污染具有流动性、扩散性的特点，因而大气污染一旦发生，必然是区域性的污染，而非一个局部地域的污染，基于大气环境的这种特性，在治理大气污染的过程中必须采取区域共同治理的措施加以应对，才能够取得最终治理的效果。谈及大气污染区域治理，在国外已有成功的范例可以借鉴，例如，在《美国 1967 年清洁空气法修正案》中明确指出要建立跨州空气污染控制机构或委员会，并授权其建立空气质量标准；日本为了应对在“二战”后大力发展工业所带来的环境问题，采取了全国性的治理措施。国外的这些做法有一个相似之处就是对大气污染采取了区域共同治理的做

[1] 环境保护部．中国环境统计年报 · 2014 ［M］．北京：环境出版社，2015：137.

法，并且都取得了一定的成功。

就我国而言，在大气污染区域治理方面也进行了一些有益的尝试，如珠三角经济区对大气污染的区域治理，使区域大气污染总量的增长速度得到了控制。由此可见，大气污染区域共同治理是治理大气污染的一个有效路径。在现实中，大气污染区域治理实际上是将大气污染的区域按照行政区划的管辖划分为若干行政单元，每一行政主体不仅要负责所辖单元内的大气污染治理事务，同时还要与其他行政单元内的行政主体相互合作、协同治理，要做到资源信息共享、经济协同发展、行动互联互通，这样才能够提升区域大气污染治理的效率。当然，在大气污染区域共同治理的过程中会涉及如何平衡各行政主体之间的关系、协调区域执法资源、联合执法的跨区管辖等具体问题，这些问题的解决需要有一个制度化、持续化的机制来完成，于是就诞生了大气污染区域治理法律协调机制。该项法律机制产生的宏观目标当然是使区域大气污染得到控制，而微观的具体目标则是在和谐治理思想指导下，协调处理区域内各行政主体之间的利益关系。大气污染区域治理法律协调机制的建立并非一项仅仅来自书本的制度，其存在有着重要的价值，并且该项制度的价值是成体系的，有着鲜明的目的，也有着规范的形式和评价标准，这就使得该项制度能够良好地运行。当然在大气污染区域治理法律协调机制运行过程中，会发生各种各样的权利冲突或者价值冲突，要整合这些利益冲突，要求法律协调机制遵循利益兼顾、法益权衡、法律安定等原则，这样就可以将区域内行政主体间的利益冲突化解。

大气污染区域治理法律协调机制的存在除了具有实用价值外，也有着坚实的理论基础。首先，是法哲学基础。法哲学为一些法律关系提供思想理论基础，就大气污染区域治理法律协调机制这样一个法律制度而言，法哲学从正义性、目的性、安定性和有效性等层面为该项制度提供理论基础，说明该项制度可以从法哲学层面找到理论基础作为思想依据。其次，是环境法学理论。环境区域共同治理理论认为，生态系统是一个具有多样性且结构复杂的混沌系统，但是在某一分形之下可以找到相应的规律性，[1] 其中的一个表现就是在地域相邻的空间领域内，生物种群、结构特征具有相似性，基于这样的客观现状，治理环境问题应当将生物特性相似、空间地理相邻的地域作为一个整体的治理区域，由区域内的不同主体联合起来共同对区域内的生态环境采取同类的治理措施，这样既可以提升环境治理的效率，同时也可以解决区域环境治理不同步的问题。大气污染具有扩散性和整体性的基本特征，大气环境一旦发生污染，必然会是区域性的污染，而且必然会导致区域内全部地域单元的大气成分、生物环境发生改变，这就决定了大气污染作为环境污染的一种表现形式，更加适合以区域共同治理的方式进行治理。在区域共同治理大气污染的过程中，要坚持经济协调发展、执法活动相互配合的基本原则，而实现这一目的的前提是要有一个法律协调机制来保障各行政主体的基本权利，所以环境区域共同治理理论为大气污染区域治理法律协调机制提供了理论基础。最后，是法经济学基础。法经济学是利用经济学的理论分析法律现象的一种工具，以效率化的思维为指导，其目标是法律制度如何实现最优选择，全程围绕成本和收益问题展开。从法经济学角度看，大气污染区域治理法律协调机制的设置是社会需求与立法机关所能够提供的法律供给相互均衡的产物，相形之下，由于该项法律制度属于新鲜事物，因而立法机关应当

---

[1] 弗里德里希·克拉默．混沌与秩序：生物系统的复杂结构［M］．柯志阳，吴彤，译．上海：上海科技教育出版社，2015：13．

给予更加多的关注，才能够满足现实的立法需求。从法律效率层面来看，一项法律制度的实施效率取决于其实施成本和该项法律制度所能够产生的社会收益，❶ 成本低收益高当然会产生较高的制度效率。从成本构成的角度来看，大气污染区域治理法律协调机制实施的显性成本和隐性成本几乎都可以转化到地方处理行政事务的财政预算之中，即便是需要产生一些成本，数量也并不高，因而该制度的实施成本较低。与此同时，大气污染区域治理法律协调机制无论是显性收益还是隐性收益，抑或者是预期收益，都非常之高，这就决定了此项制度的实施具有效率，能够得到社会的广泛认可。而从博弈论角度来看，区域大气污染联合治理实际上是区域内各行政主体间相互合作相互博弈的过程，属于不完全信息静态博弈的范畴，当对于每一博弈参与人而言，自己的行动相对于任何一方参与人而言都是最佳决策时，就可以实现纳什均衡，此时博弈各方的效率达到最大化。❷ 要达到纳什均衡，决策博弈信息的获取对于博弈各方的行动决策能够产生决定性作用。对于大气污染区域联合治理而言，大气污染区域治理法律协调机制对于各行政主体信息共享、作出决策起着关键作用。另外，大气污染区域治理法律协调机制的建立可以在不损害其他制度利益的情况下提升区域内各行政主体治理大气污染的效率，从而使社会总的福利水准有所增加，符合帕累托效率标准，是值得推广的制度。

对于大气污染区域治理法律协调机制而言，其具体运行包含了三个主要层面的机制，即立法协调机制、执法协调机制、司法

---

❶ 冯玉军，柯华庆. 法经济学［M］. 北京：中国人民大学出版社，2013：111.

❷ 约翰·F. 纳什，劳埃德·S. 沙普利，约翰·C. 海萨尼，等. 博弈论经典［M］. 韩松，刘世军，张倩伟，等译. 北京：中国人民大学出版社，2012：15－16.

协作机制，此三方面的内容构成大气污染区域治理法律协调机制的主体内容。一项法律机制的建立，首先要解决的问题就是立法问题，即采取何种立法模式，由什么机关进行立法，采取怎样的程序立法等均是要明确的内容。对立法模式而言，我们可以从国外的做法中得到一些启示，在美国可以采取州际协定或者行政协议的方式来处理各州政府间关于区域环境治理的立法问题。[1] 而欧盟则是由有立法权的欧盟委员会负责欧盟范围内环境协调治理的立法工作，主要负责制定环境标准、规定各成员国的排放上限、规定污染物排放源的排放标准、信息公开以及各成员国之间利益关系的协调和纠纷处理。[2] 从国外的立法经验来看，立法初期应当先易后难，应当先就容易达成统一意见的事项达成一致协议，不容易达成统一意见的事项可以规定由上级权威机关来加以处理。在我国相关立法以及政策性文件中，对大气污染区域联合立法也有一定体现，例如，国务院颁布的《大气污染防治行动计划》(2013)，在第八章中用专门章节规定区域协作机制，在2015年京津冀三地环保部门共同签订《京津冀区域环境保护率先突破合作框架协议》，就联合立法、统一行动、协同治理等问题进行了规范，这些做法都为大气污染区域共同治理积累了成功的经验。不过鉴于我国地方利益关系复杂、经济与社会发展状况不均衡等现状，如何建立规则平衡区域内各地方政府间的关系，是立法协调机制应当着重解决的问题。

作为大气污染区域治理联合立法机制而言，首先，要解决的是立法模式和立法程序问题，只有程序合法才能够产生法定化的

---

[1] 何渊．美国的区域法制协调：从州际协定到行政协议的制度变迁［J］．环球法律评论，2009（6）．

[2] 叶林．空气污染治理国际比较研究［M］．北京：中央编译出版社，2014：187．

制度，一般而言，应当由区域内有地方立法权的机关联合在一起，制定一个程序性的文件，规定参与主体的权利义务以及纠纷处理程序等。其次，要建立多方参与的机制。应当明确公众参与程序以及专家咨询的效力，同时还要完善信息公开制度，使社会公众通过网络能够更好地参与到区域大气污染治理中来。最后，是建立相应的配套措施，例如，生态补偿机制、产业转移和承接等。这些制度的建立，是对大气污染区域联合立法机制的补充和完善，目的是更好地使区域联合立法机制发挥更大的作用。

大气污染区域治理法律协调机制中的又一重要制度是执法协调机制，谈到执法协调机制，我们最容易想到的是多部门的联合执法，这种形式在我国改革开放之后被广泛运用，也起到了积极的效果。就大气污染治理而言，由于大气污染具有流动性和区域性的特征，因而区域内不同行政主体间联合在一起共同治理大气污染是基于大气污染现状的必然选择，而不能采取“各扫门前雪”式的治理方式。因为联合执法并非主观臆造的制度而是有着很强现实基础的制度，在目前区域经济一体化改革和“供给侧改革”的大背景之下，在大气污染领域内实施联合执法其意义不仅仅是消减区域大气污染物的浓度，更为主要的是可以提升区域行政资源的配置效率。在区域执法协调机制的建设方面，我们可以从国外的制度中找到一些启示，例如，美国的区域大气污染先采取区域划定的方式划定大气污染治理区域，并在区域内建立相应的执行机构负责协调区域内大气污染治理事务，并且该机构的人员组成也实施法定化的方式，由环保署派出，其主要职能是负责收集大气污染的相关数据、协调各地区和州之间的关系，并建立了纵向管理与横向管理相结合的合作机制，使区域行政合作更为顺畅。❶ 欧盟区域间大气污染治理的执法协调也具有一定特色，由于欧洲各国国土面积不大且都享有国家主权，所以欧盟是以国际条约形式来解决区域间政府合作治理大气污染的问题，条约的内容分为纵向与横向合作机制两类，纵向合作机制具有强制约束力，以指令的方式实现，而横向合作机制则不具有约束力。❷ 美国与欧盟关于大气污染区域行政合作的制度对我国建立并完善区域大气污染执法协调机制具有建设性意义，主要应当明确以下问题：首先，是联合执法的依据问题。应当由省级政府就区域大气污染治理的主体联合执法问题以行政规章方式作出规定，使基层政府部门有法可依。其次，是联合执法的效力问题。要授予联合执法行为的法定效力。再次，是要合理地平衡各地区间经济发展与环境保护之间的关系，联合执法不能过分超越某一行政主体的经济能力。最后，是联合执法的标准问题。主要是区域大气环境标准和处罚标准，作为联合执法的依据。当然，在配套制度建设方面，还要建立区域联合预警和资源信息共享机制以及“区域限批”制度，这样才能够使区域内大气污染治理的政府间合作具有更强的可实施性。

大气污染区域治理法律协调机制的运行，往往会遇到诸多法律纠纷，此时就需要建立区域司法协作机制来解决这些实际问题。在我国境内，司法管辖问题，同案异判问题，判决执行问题等，都是司法领域内值得关注的问题。而我国又有着丰富的地方立法资源，不同地方对法律文件的规定和理解都会存在差异，这就需

---

❶ 柴发合，李艳萍，乔琦，等. 我国大气污染联防联控环境监管模式的战略转型[M]. 环境保护，2013（5）.

❷ 宁淼，孙亚梅，杨金田. 国内外区域大气污染联防联控管理模式分析［M］. 环境与可持续发展，2012（5）.

要建立区域司法协作机制来解决这些问题。实践中，要解决区域间不同司法主体的相互协作问题，需从以下问题入手加以规定：一是统一司法标准。在大气污染治理区域内，在司法领域要实施相同的标准，以免出现同案不同判的现象。二是司法管辖问题。跨区法院的建立是司法改革的一项重点工程，目前我国已经在知识产权领域建立了跨区法院，审理跨区知识产权民事和行政案件，这是一次非常好的尝试，对大气污染区域治理的司法实践具有借鉴意义。大气污染区域司法协作机制也可以建立跨区管辖制度，来处理大气污染的环境纠纷。三是法律选择适用问题。在区域内的各行政主体有可能已经出台了相应的大气环境标准，而这些标准可能不同，由于大气污染具有区域性和整体性的特点，所以在法院审判案件的过程中，如果区域内有较为严格的环境标准时，应当依据较为严格的大气环境标准处理。❶ 四是判决的执行程序。主要是对异地的协助执行，联合执行、执行和解等问题都要予以明确。五是法律监督程序。包括异地的管辖案件的法律监督主体、监督程序、督促政府部门履行职责等内容，都应当事先规定。这些都是区域司法协作中的常见问题，只有将这些问题加以明确，司法协作机制才能够得到顺畅运行。

综上，大气污染区域治理法律协作机制对于区域大气污染的治理而言是一项非常重要的制度，该项制度的建立以及运行有着深刻的社会基础和实践基础，作为立法而言，应当以一种开拓创新的理念加强该项制度的建设，才能够提升治理区域大气污染的效率。作为学术研究而言，更加需要我们去挖掘该项制度的价值和潜力。

---

❶ 高桂林，陈昊博．治理大气污染需要区域间联合立法［N］．检察日报，2015-03-10.

参考文献

外文文献

[1] CAO H, IKEDA S. Inter – zonal Tradable Discharge Permit System to Control Water Pollution in Tianjin, China [J]. Environmental Science & Technology, 2005, 39 (13).

[2] CARMONA R, HINZ J. Risk – Neutral Modeling of Emission Allowance Prices and Option Valuation [R]. Technical report, Princeton University, 2009.

[3] CHMEIDESW L, COWLING E B. The State of the Southern Oxidants Study: Policy – Relevant Findings in Ozone Pollution Research 1988 – 1994 [M]. North Carolina State University, Raleigh, NC, 1995.

[4] COASE R H. The Problem of Social Cost [J]. Journal of Law and Economics, 1960, 3 (1).

[5] CROCKER T D, The Structuring of Atmospheric Pollution Control System, The Economics of Air Pollution [M]. H. Wolozin, New York: W. W. Norton & Co, 1996.

[6] DALES J H, Pollution, Property and Prices [M], Toronto: University of Toronto Press, 1968.

[7] DUNCAN FAIRLIE, DANIEL J JACOB , ROKJIN J P. The impact of transpacific transport of mineral dust in the United States [J]. Atmospheric Environment, 2007, 41.

[8] GERMAIN M, et al. Transfers to sustain dynamic core theoretic cooperation in international stock pollutant control [J]. Journal of Economic Dynamics and Control, 2003, 28.

[9] HALKOS G E. Incomplete information in the acid rain game [J]. Empirica, 1996, 23.

[10] HELMUTH C, GAHARI F. Environmental taxation, tax competition and harmonization [J]. Journal of Urban Economics, 2004, 55.

[11] HUNG M F, SHAW D. A trading - ratio system for trading water pollution discharge permits [J]. Journal of Environmental Economics and Management, 2005, 49 (1).

[12] JORGENSEN S, ZACCOUR G. Time consistent side payments in a dynamic game of downstream pollution [J]. Journal of Economic Dynamics and Control, 2001, 25.

[13] KLEPPER G, PETERSON S. Marginal abatement cost curves in general equilibrium: the influence of world energy prices [J]. Resource and Energy Economics, 2006, 28 (1).

[14] LAWSON D R, FUJITA E M, Homes J R. The Southern California Air Quality Study: a prototype for collaborative research [M] //In: Ranzier, A. J. Solomon, P. A. (EDs), Proceedings of the Regional Photochemical Measurement and Modeling Studies, PA,

1995, 3.

[15] LUTTER R, SHOGREN J F. Tradable permit tariffs: How local air pollution affects carbon emissions permit trading [J]. Land Economics. 2002, 78 (2).

[16] MILUNOVICH G, JOYEUX R, Testing market efficiency and price discovery in European carbon markets [M]. Macquarie University, Department of Economics, 2007.

[17] PAOLELLA M S, LUCA T. An econometric analysis of emission allowance prices [J]. Journal of Banking & Finance, 2008, 32.

[18] PETROSJAN L, ZACCOUR G. Time consistent Shapley value allocation of pollution cost reduction [J]. Journal of Economic Dynamics and Control, 2003, 27.

[19] PIGOU A C. Some Aspects of the welfare state [J]. Diogenes, 1954, 2 (7).

[20] SOLOMON P. Planning and Managing Regional Air Quality and Measurement Studies: A perspective Through the San Joaquin Air Quality Study and ASUPEX [M]. Lewis Publishers, Chelsea, Ml with Pacific Gas and Electric Company, San Ramon. CA, 1994.

[21] TIETENBERG T H, Environmental and Natural Resource Economics [M]. Harper Collins Publishers Inc., 3nd Edition, 1992.

[22] VIGUIER L. Fair trade and harmonization of climate change policies in Europe [J]. Energy Policy, 2001, 29.

[23] COOPER W W, HEMPHILL H, HUANG, et al. Survey of mathematical programming models in air pollution

management [J], European Journal of Operational Research, 1997, 96 (1).

外文译著

[1] 凯尔森. 纯粹法理学 [M]. 张书友，译. 北京：中国法制出版社，2008.

[2] 阿尔图·考夫曼，温弗里德·哈斯默尔. 当代法哲学和法律理论导论 [M]. 郑永流，译. 北京：法律出版社，2013.

[3] 彼得·O. 欧伯恩德，约翰姆·弗莱希曼. 微观经济学基础 [M]. 蒋潞潞，等译. 北京：中国法制出版社，2011.

[4] 弗里德里希·克拉默. 混沌与秩序：生物系统的复杂结构 [M]. 柯志阳，吴彤，译. 上海：上海科技教育出版社，2015.

[5] 古斯塔夫·拉德布鲁赫. 法哲学 [M]. 王朴，译. 北京：法律出版社，2013.

[6] 卡尔·恩吉施. 法律思维导论 [M]. 郑永流，译. 北京：法律出版社，2014.

[7] 卡尔·拉伦茨. 法学方法论 [M]. 陈爱娥，译. 北京：商务印书馆，2003.

[8] 罗伯特·阿列克西. 法：作为理性的制度化 [M]. 雷磊，译. 北京：中国法制出版社，2012.

[9] 马克斯·韦伯. 社会科学方法论 [M]. 北京：商务印书馆，2015.

[10] 尼克拉斯·卢曼. 法社会学 [M]. 宾凯，赵春燕，译. 上海：上海人民出版社，2013.

[11] 齐佩利乌斯. 法学方法论 [M]. 金振豹，译. 北京：法律出版社，2009.

[12] 孟德斯鸠. 论法的精神 [M]. 许明龙，译. 北京：商

务印书馆，2012.

［13］莫里斯·奥里乌. 法源：权力、秩序和自由［M］. 鲁仁，译. 北京：商务印书馆，2015.

［14］让-克洛德·乐伟. 循环经济：迫在眉睫的生态问题［M］. 王吉会，范晓虹，译. 上海：上海科技教育出版社，2012.

［15］让-帕斯卡尔·贝纳西. 宏观经济学：非瓦尔拉斯分析方法导论［M］. 刘成生，朱远清，郭上沂，译. 上海：上海人民出版社，2006.

［16］E. 博登海默. 法理学：法律哲学与法律方法［M］. 邓正来，译. 北京：中国政法大学出版社，2004.

［17］阿兰·斯密德. 制度与行为经济学［M］. 刘璨，吴水荣，译. 北京：中国人民大学出版社，2009.

［18］艾里克·拉斯穆森. 博弈与信息：博弈论概论［M］. 韩松，张倩伟，庞立永，等译. 4 版. 北京：中国人民大学出版社，2012.

［19］安德瑞·马默. 法哲学［M］. 孙海波，王进，译. 北京：北京大学出版社，2014.

［20］保罗·R. 伯特尼，罗伯特·N. 史蒂文斯. 环境保护的公共政策［M］. 穆贤清，方志伟，译. 2 版. 上海：上海人民出版社，2004.

［21］布赖恩·比克斯. 法理学：理论与语境［M］. 邱昭继，译. 4 版. 法律出版社，2008.

［22］戴维·M. 德瑞森. 法律的动态经济分析［M］. 王颖，译. 上海：复旦大学出版社，2015.

［23］道格拉斯·G. 拜尔，罗伯特·H. 格特纳，兰德尔·C. 皮克. 法律的博弈分析［M］. 严旭阳，译. 北京：法律出版

社，2006.

［24］格雷克. 混沌：开创新科学［M］. 张淑誉，译. 北京：高等教育出版社，2014.

［25］赫尔曼·E. 达利，小约翰·B. 柯布 .21 世纪生态经济学［M］. 王俊，韩冬筠，译. 北京：中央编译出版社，2015.

［26］克利斯托夫·帕斯，布赖恩·洛斯，莱斯利·戴维斯. 科林斯经济学辞典［M］. 罗淑，译. 3 版. 上海：上海财经大学出版社，2008.

［27］理查德·A. 波斯纳. 法理学问题［M］. 苏力，译. 北京：中国政法大学出版社，2002.

［28］理查德·A. 波斯纳. 正义、司法的经济学［M］. 苏力，译. 北京：中国政法大学出版社，2002.

［29］罗伯特·吉本斯. 博弈论基础［M］. 高峰，译. 北京：中国社会科学出版社，2015.

［30］罗伯特·考特，托马斯·尤伦. 法和经济学［M］. 史晋川，董雪兵，等译. 6 版. 南京：格致出版社，2012.

［31］罗纳德·H. 科斯. 企业、市场与法律［M］. 盛洪，陈郁，译. 南京：格致出版社，2014.

［32］罗斯科·庞德，普通法的精神［M］. 唐前宏，高雪原，廖湘文，译. 北京：法律出版社，2010.

［33］罗斯科·庞德. 通过法律的社会控制［M］. 沈宗灵，译. 北京：商务印书馆，2010.

［34］马蒂·D. 马特洛克，罗伯特·A. 摩根. 生态工程设计：恢复和保护生态系统服务［M］. 北京：电子工业出版社，2013.

［35］尼古拉斯·L. 吉奥加卡波罗斯斯. 法律经济学的原理

与方法：规范推理的基础工具［M］. 许峰，翟新辉，译. 上海：复旦大学出版社，2014.

［36］皮特·纽曼. 新帕尔格雷夫法经济学大词典：第三卷［M］. 许月明，译. 北京：法律出版社，2003.

［37］乔尔·沃森. 策略：博弈论导论［M］. 费方域，赖丹馨，等译. 南京：格致出版社，2010.

［38］斯蒂文·萨维尔. 法律经济分析的基础理论［M］. 赵海怡，史册，宁静波，译. 北京：中国人民大学出版社，2013.

［39］约翰·F. 纳什，劳埃德·S. 沙普利，约翰·C. 海萨尼，等. 博弈论经典［M］. 韩松，刘世军，张倩伟，等译. 北京：中国人民大学出版社，2012.

［40］詹姆斯·D. 漠罗. 政治学博弈论［M］. 吴澄秋，周亦奇，译. 上海：上海人民出版社，2014.

［41］朱·弗登博格，让·梯若尔. 博弈论［M］. 黄涛，郭凯，龚鹏，等译. 北京：中国人民大学出版社，2013.

［42］滨川圭弘，西川祎一，辻毅一郎. 能源环境学［M］. 郭成言，译. 北京：科学出版社，2003.

［43］村上泰亮. 反古典的政治经济学：上［M］. 张季风，丁红卫，译. 北京：北京大学出版社，2013.

［44］国部克彦，伊坪德宏，水口刚. 环境经营会计［M］. 葛建华，吴绮，译. 北京：中国政法大学出版社，2014.

［45］吉田文和. 环境经济学新论［M］. 张坤民，译. 北京：人民邮电出版社，2011.

［46］铃木敬夫. 相对主义法哲学与东亚法研究：一位日本拉德布鲁赫主义者的理论追求［M］. 北京：法律出版社，2012.

［47］棚濑孝雄. 现代日本的法和秩序［M］. 易平，译. 北

京：中国政法大学出版社，2002.

［48］青木昌彦. 比较制度分析［M］. 周黎安，译. 上海：上海远东出版社，2001.

［49］日本律师协会. 日本环境纠纷典型案例与评析［M］. 北京：中国政法大学出版社，2011.

［50］桑原洋子. 日本社会福利法制概论［M］. 韩君玲，邹文星，译. 北京：商务印书馆，2010.

［51］速水佑次郎. 发展经济学：从贫困到富裕［M］. 李周，译. 北京：社会科学文献出版社，2003.

［52］伊东研祐. 法益概念史研究［M］. 秦一禾，译. 北京：中国人民大学出版社，2014.

［53］佩策尼克. 论法律与理性［M］. 陈曦，译. 北京：中国政法大学出版社，2015.

［54］托马斯·思德纳. 环境与自然资源管理的政策工具［M］. 张蔚文，黄祖辉，译. 上海：上海人民出版社，2005.

［55］穆纳辛哈，斯沃特. 气候变化与可持续发展入门教程［M］. 徐影，马世铭，郭彩丽，等译. 北京：气象出版社，2013.

［56］罗伯塔·卡佩罗. 区域经济学［M］. 赵文，陈飞，等译. 北京：经济管理出版社，2014.

［57］A. P. 瑟尔沃. 发展经济学［M］. 郭熙保，崔文俊，译. 9版. 北京：中国人民大学出版社，2015.

［58］彼得·斯坦，约翰·香德. 西方社会的法律价值［M］. 王献平，译. 北京：中国法制出版社，2004.

［59］雷蒙德·瓦克斯. 法哲学：价值与事实［M］. 谭宇生，译. 南京：译林出版社，2013.

中文著作

[1] 柏益尧，孙平，华新，等. 五律协同原理 [M]. 北京：科学出版社，2010.

[2] 陈国富. 法经济学 [M]. 北京：经济科学出版社，2006.

[3] 陈亢利. 区域循环经济发展理论与苏州实践 [M]. 北京：科学出版社，2011.

[4] 陈延辉. 环境政策型立法研究：基于对中国环境基本法立法模式的思考 [M]. 北京：中国政法大学出版社，2012.

[5] 邓正来. 哈耶克法律哲学 [M]. 上海：复旦大学出版社，2009.

[6] 丁四保，王昱，卢艳丽，等. 主体功能区划与区域生态补偿问题研究 [M]. 北京：科学出版社，2012.

[7] 丁四保，王昱. 区域生态补偿的基础理论与实践问题研究 [M]. 北京：科学出版社，2010.

[8] 法丽娜. 当代中国多元利益矛盾的法经济学分析 [M]. 上海：上海社会科学院出版社，2014.

[9] 冯玉军，柯华庆. 法经济学 [M]. 北京：中国人民大学出版社，2013.

[10] 冯玉军. 法律与经济推理：寻求中国问题的解决 [M]. 北京：经济科学出版社，2008.

[11] 高桂林，刘向宁，李姗姗. 环境法：原理与案例 [M]. 北京：知识产权出版社，2012.

[12] 高桂林，于钧泓，罗晨煜. 大气污染防治法理论与实务 [M]. 北京：中国政法大学出版社，2014.

[13] 关明凯. 法律的三维透视：对法的价值、规则、事实的

统一性研究［M］. 北京：法律出版社，2008.

［14］郭位. 核电雾霾你：从福岛核事故细说能源、环保与工业安全［M］. 北京：北京大学出版社，2015.

［15］国家统计局，国家环境保护总局. 中国环境统计年鉴·2005［M］. 北京：中国统计出版社，2006.

［16］国家统计局，国家环境保护总局. 中国环境统计年鉴·2014［M］. 北京：中国统计出版社，2014.

［17］国家统计局. 中国统计摘要·2001［M］，北京：中国统计出版社，2002.

［18］韩德强. 环境司法审判区域性理论与实践探索［M］. 北京：中国环境出版社，2015.

［19］郝吉明，马广大，王书肖. 大气污染控制工程［M］. 3版. 北京：高等教育出版社，2014.

［20］河北马倍战律师事务所. 环境行政执法精要［M］. 北京：中国环境出版社，2015.

［21］洪旺. 公众立法参与研究［M］. 福州：福建人民出版社，2015.

［22］胡乐明，刘刚. 新制度经济学原理［M］. 北京：中国人民大学出版社，2014.

［23］环境保护部. 中国环境统计年报·2014［M］. 北京：环境出版社，2015.

［24］李珂，叶竹梅. 法经济学基础理论研究［M］. 北京：中国政法大学出版社，2013.

［25］梁上上. 利益衡量论［M］. 北京：法律出版社，2013.

［26］刘景良. 大气污染控制工程［M］. 2版. 北京：中国轻工业出版社，2012.

［27］刘清，招国栋，赵由才. 大气污染防治：共事一片蓝天［M］. 北京：冶金工业出版社，2012.

［28］刘秋妹. 循环经济法律政策研究：基于政策系统的视角［M］. 北京：法律出版社，2013.

［29］孟健军. 城镇化过程中的环境政策实践［M］. 北京：商务印书馆，2014.

［30］孟庆垒. 环境责任论：兼谈环境法的核心问题［M］. 北京：法律出版社，2014.

［31］朴光洙. 环境法与环境执法［M］. 3 版. 北京：科学出版社，2015.

［32］任尔昕. 地方立法质量跟踪评估制度研究［M］. 北京：北京大学出版社，2011.

［33］沈满洪，魏楚，谢慧明. 完善生态补偿机制研究［M］. 北京：中国环境出版社，2015.

［34］史建三. 地方立法后评估的理论与实践［M］. 北京：法律出版社，2012.

［35］孙百昌. 工商行政管理经济学［M］. 北京：中国工商出版社，2010.

［36］覃福晓，金小鹏，童庆平，等. 立法过程中的利益表达与整合机制研究［M］. 北京：中国民主法制出版社，2011.

［37］唐明良. 环评行政程序的法理与技术：风险社会中决策理性的形成过程［M］. 北京：社会科学文献出版社，2012.

［38］滕泰，范必，等. 供给侧改革［M］. 北京：东方出版社，2016.

［39］王敦球. 大气污染控制工程［M］. 北京：中国环境出版社，2012.

［40］王琳，涂成林．行政管理学［M］．2版．北京：北京理工大学出版社，2012.

［41］王守荣．气候变化对中国经济社会可持续发展的影响与应对［M］．北京：科学出版社，2011.

［42］王伟光．利益论［M］．北京：中国社会科学出版社，2010.

［43］王彦昕，周云．生态文明下的环境资源法治建设［M］．北京：中国人民公安大学出版社，2010.

［44］王颖．混沌状态的清晰思考［M］．北京：中国青年出版社出版，2001.

［45］王正平．环境哲学：环境伦理的跨学科研究［M］．上海：上海教育出版社，2014.

［46］魏建，周林彬．法经济学［M］．北京：中国人民大学出版社，2008.

［47］文正邦．法哲学研究［M］．北京：中国人民大学出版社，2011.

［48］吴先华，等．气象经济学［M］．北京：气象出版社，2010.

［49］伍光和，王乃昂，胡双熙，等．自然地理学［M］．4版．北京：高等教育出版社，2014.

［50］夏锦文．法哲学关键词［M］．南京：江苏人民出版社，2013.

［51］向玉乔．分配正义［M］．北京：中国社会科学出版社，2014.

［52］谢伟．美国清洁空气法若干问题研究［M］．厦门：厦门大学出版社，2015.

［53］谢永刚，王建丽．图解灾害经济学［M］．北京：经济科学出版社，2014.

［54］徐以祥．行政法学视野下的公法权利理论问题研究［M］．北京：中国人民大学出版社，2014.

［55］许东海．日本近现代环境保护发展史［M］．北京：中国农业出版社，2013.

［56］严存生．法的价值问题研究［M］．北京：法律出版社，2011.

［57］叶林．空气污染治理国际际比较研究［M］．北京：中央编译出版社，2014.

［58］于立，吴绪亮，唐要家，等．法律经济学的学科定位与理论应用［M］．北京：法律出版社，2013.

［59］岳贤平，周飞雪，等．气象衍生灾害预报机制研究［M］．北京：中国科学技术出版社，2013.

［60］张辉．美国环境法研究［M］．北京：中国民主法制出版社，2015.

［61］张军．法律经济学分析：珠三角生态恢复与环境利益保护［M］．北京：人民出版社，2013.

［62］张磊．国际刑事司法协助热点问题研究［M］．北京：中国人民公安大学出版社，2012.

［63］张乃根．法经济学：经济学视野里的法律现象［M］．北京：中国政法大学出版社，2003.

［64］张文显．法理学［M］．北京：高等教育出版社，2011.

［65］张小曳，周凌晞，丁国安．大气成分与环境气象灾害［M］．北京：气象出版社，2009.

［66］张雪樵．经济行政权的法律监督：利益衡平的视角

[M]. 北京：北京大学出版社，2012.

[67] 张梓太. 环境纠纷处理前沿问题研究：中日韩学者谈[M]. 北京：清华大学出版社，2007.

[68] 周林彬. 法律经济学：中国的理论与实践 [M]. 北京：北京大学出版社，2008.

[69] 左玉辉，华新，柏益尧，等. 环境学原理 [M]. 北京：科学出版社，2010.

中文论文

[1] 曹锦秋，吕程. 联防联控：跨行政区域大气污染防治的法律机制 [J]. 辽宁大学学报：哲学社会科学版，2014 (6).

[2] 柴发合，李艳萍，乔琦，等. 我国大气污染联防联控环境监管模式的战略转型 [J]. 环境保护，2013 (5).

[3] 柴发合，云雅如，王淑兰. 关于我国落实区域大气污染联防联控机制的深入思考. 环境与可持续发展，2013 (4).

[4] 常纪文. 集区域合力破区域难题：对比国外立法看我国如何推进大气污染联防联控 [N]. 中国环境报，2010-06-17.

[5] 常纪文. 域外借鉴与本土创新的统一：关于《推进大气污染联防联控工作改善区域空气质量的指导意见》之解读：上[J]. 环境保护，2010 (10).

[6] 陈光. 论建构环渤海区域立法协调机制的必要性 [J]. 大连海事大学学报：社会科学版，2010 (3).

[7] 陈光. 论区域立法协调委员会的设立与运行：兼评王春业《区域行政立法模式研究》[J]. 武汉科技大学学报：社会科学版，2012 (1).

[8] 陈光. 论我国区域立法协调的必要性与可行性 [J]. 齐齐哈尔大学学报：哲学社会科学版，2009 (5).

［9］陈光．我国区域立法协调机制研究［D］．济南：山东大学，2011．

［10］陈青祥．我国大气污染防治法律制度研究［D］．太原：山西财经大学，2015．

［11］丁国卿．我国区域立法协调问题研究［D］．厦门：厦门大学，2009．

［12］段丽茜．京津冀签署区域环境保护率先突破合作框架协议：十个突破共同改善生态环境质量［N］．河北日报，2015－12－04．

［13］范俊玉．政治学视阈中的生态环境治理研究［D］．苏州：苏州大学，2010．

［14］冯百侠，王倩楠，陈金．发达国家大气污染联防联控的成功模式与启发［J］．河北联合大学学报：社会科学版，2013（4）．

［15］高桂林，陈昊博．治理大气污染需要区域间联合立法［N］．检察日报，2015－03－10．

［16］高婧．雾霾防治区域联动法律机制探究［D］．太原：山西财经大学，2015．

［17］贵州省高级人民法院．探索集中管辖推进公益诉讼［J］．人民司法，2015（23）．

［18］郭泽保．区域经济、社会发展的重要途径：府际关系视域下地方政府合作［J］．福建金融管理干部学院学报，2009（6）．

［19］何渊．美国的区域法制协调：从州际协定到行政协议的制度变迁［J］．环球法律评论，2009（6）．

［20］贺璇，等．京津冀大气污染治理模式演进：构建一种可持续合作机制［J］．东北大学学报：社会科学版，2016（1）．

［21］环境保护编辑部．国外大气污染的区域协调机制［J］．

环境保护，2010（9）.

［22］莱赫·莫拉夫斯基，田荔枝，张婷婷. 法律·事实·法律语言［J］. 法律方法，2013（1）.

［23］李玲. 大气污染治理中的地方政府责任研究［D］. 天津：天津师范大学，2014.

［24］李茂春. 鄱阳湖生态经济区环保法制建设研究［J］. 行政与法，2011（10）.

［25］李显锋.《大气污染防治法》修改的背景、问题及建议［J］. 理论月刊，2015（4）.

［26］李想. 知产司法保护有力助推创新发展［N］. 法制日报，2015-11-25.

［27］刘大为. 区域大气污染联防联控研究：以关中地区为例［D］. 西安：西北大学，2011.

［28］刘洁，万玉秋，沈国成，等. 中美跨区域大气环境监管比较研究及启示［J］. 四川环境，2011（5）.

［29］宁淼，孙亚梅，杨金田. 国内外区域大气污染联防联控管理模式分析［J］. 环境与可持续发展，2012（5）.

［30］任丽丹. 京津冀大气污染联防联控路径研究［D］. 石家庄：河北大学，2014.

［31］任孟君. 我国区域大气污染的协同治理研究［D］. 郑州：郑州大学，2014.

［32］王金南，宁淼，孙亚梅. 区域大气污染联防联控的理论与方法分析［J］. 环境与可持续发展，2012（5）.

［33］王奇，胡晓路，张远航. 关于区域大气环境保护一体化的思考［J］. 环境保护，2010（9）.

［34］王清军. 区域大气污染治理体制：变革与发展［J］. 武

汉大学学报：哲学社会科学版，2016（1）.

［35］王延杰. 京津冀治理大气污染的财政金融政策协同配合［J］. 经济与管理，2015（1）.

［36］姚银银. 北京市有效治理大气污染问题研究［J］. 商品与质量：科教与法，2014（2）.

［37］尹卫国. 联防联控关键要齐步走［N］. 中国环境报，2014-04-25.

［38］余荣华. 京津冀环境执法联动工作机制启动［N］. 人民日报，2015-11-28.

［39］赵以忻，仲良喜. 关于强化城市大气环境管理若干问题的思考［J］. 城市管理与科技，2000（3）.